文春文庫

おあげさん

油揚げ365日

平松洋子

文藝春秋

茶色の短冊

　あれがあるな、と思うと安心できるものがいくつかある。

　素材なら、一番に挙げたいのはやっぱり卵。オムレツ、卵焼き、ゆで卵、目玉焼き、ポーチドエッグ、かき玉汁、煎《い》り卵……どんなふうにでも姿を変え、そのときどき自在に応えてくれる。ゆで卵ひとつとっても、潰せば卵サンドイッチ、くし形に切ればサラダの華やぎ、塩水に浸せば塩卵になる。私が塩卵と呼んでいるこれは、ジッパー付き保存袋のなかにゆで卵四個、水一カップ、塩小さじ一を入れてひと晩以上置く、いってみれば塩漬け卵。ただ塩水に浸しておくだけなのに、ぷりっと弾力がついた塩風味の白身のおいしさは格別で、小腹が空いたときや酒の肴《さかな》にも向く。ふと思いついてシングルモルトのウイスキーといっしょに試してみたら、夜のふかい時間に覚醒させられるほどの相性のよさだった。アイルランドに吹く潮風と海の塩が手を握り合うのは無理のない展開だけれど、想像もつかない飛躍を秘めているところに卵という食材の奥深さがあるのだろう。

同時に挙げたいのはもちろん、われらが油揚げである。

ちょこちょこ買い足すのも面倒なので、いつも五、六枚くらいまとめて買っている。二枚入りの袋の場合は三袋、合計六枚。油揚げ六枚となると、厚みも重みもなかなかのもので、ちょっとした札束感があると思ってしまうのは、油揚げの金茶色が小判とか金のわらじを連想させるからだろうか。これさえあれば、と大船に乗り込んだ気になり、さあどこからでもかかってきなさい、と鼻の穴がふくらむ。

買い物かごから油揚げを取り出すと、恒例の行事に進む。すっかり長年の習慣になっているので、面倒だと思うスキマもない。

油揚げ二枚か三枚、まな板の上に横たえ、太めの短冊切りにする。小鍋に醤油、酒、みりん、水。だし汁を使えば味がこっくりするが、水でもだし汁でも油揚げがすべてを成立させてくれるから、どちらでも問題ない。小鍋のなかがさっと煮立ったら、油揚げの短冊をざっくり入れて十五分ほど、ふたをしてことこと煮てから火を止め、そのまま冷ます。冷めるのを待つのも大事な時間（とはいえ、ただ鍋を放っておくだけ）で、このとき味がじんわり染みこんで落ち着く。粗熱が取れたら底に残った汁ごと容器に移し、冷蔵庫の定位置にしまう。

この、ただ煮ておくだけの短冊の使い勝手のよさはすばらしい。見た目はむっつりとして、醤油の染みた地味な茶色のひとかたまりだが、変幻自在ぶりにはいつも心を動かされる。

七味唐辛子をかけて、ちいさなおかず。

そのまま麺にのせ、そうめんやうどんの具。

たっぷりのおろし生姜を混ぜて、ビールのつまみ。

丼飯にのせ、もみ海苔《のり》と七味唐辛子をかける。

小松菜やキャベツ炒めにくわえる。

刻みねぎといっしょにさっと煮て、すまし汁。

小鍋に移して火にかけ、溶き卵をふわっと回しかけて卵とじ。

卵とじを丼飯にのせて、あぶたま丼。

お弁当のごはんのあいだに海苔と重ねて平らに敷き、きつね弁当。

…………いくらでも。

これという名前のついた料理に仕立てるわけではなく、あぁあれがあるなと思ったら手を伸ばす。がっかりしたり、失敗したとあわてたりしたこともない。

とくに用途も決まっていない、主張もしない茶色の短冊のひとかたまり。

ゆらゆらと曖昧《あいまい》な存在だからこそ、なんとでもなる、なんとでもしてくれる。

目次

油揚げ365日　65

おあげさん

油揚げ365日

暮れのなます

ぼたん雪が静かに降り積もる日もあったし、耳が切れそうな寒さにこごえる日もあった。

いよいよ年の瀬も押し詰まった二十九日か三十日、Mから決まって連絡がある。こちらも今日かな、明日かなとそわそわしているので、「待ってました！」と応じる。駅前でさっと受け渡しすることもあったし、時間に余裕があるときは喫茶店に入って小一時間ほど世間話をすることもあった。ひとしきりおしゃべりしたあと、じゃあそろそろ帰る、これから牛肉を買いに行かなきゃ、今夜は実家ですき焼きなのとMは言い、バッグの底から包みを取り出す。

ビニール袋でぴっちり二重に覆《おお》った二十センチ四方くらいの四角い包み。

「じゃあ、はい」

「いつもありがとう。うちのお正月は、もうこれがないとやってこないの。お母さまにくれぐれもよろしく伝えてね」

「母が『今年はちょっとうまくいったかな』って。何十年つくっていても、自分の思う味ぴったりにできるときとそうじゃないときがあるらしくて、今年の出来はまずまずみたい」

ありがたさいっぱいに押しいただきながら、このずっしりとした重みは辞書を持ったときの感覚に似ている、と一年前とおなじことを思い、なかの汁気が染み出ないよう注意して自分のバッグの底へ水平に入れる。

紅白なますである。

Mのお母さん手製の紅白なますを年の暮れにいただくのが習慣になっていたのは、少なくとも十年間以上だ。最初のきっかけが何だったのかは覚えていないのだが、たまま二年続けておすそ分けに与《あずか》り、そのおいしさに家族全員がこころをわし摑みにされた。三年目だったか、おそるおそる「今年も、少しだけいただけるだろうか」とわがままを伝えると、「そんなに気に入ってもらえるなんてうれしい、と母が喜んでいる」との返事。こうして、暮れのなますの受け渡しが恒例行事になっていった。

毎年大量のなますをつくるのは、一度にたくさんつくらなければこの味がでないから、という言伝《ことづて》をもらって納得し、あつかましい頼みごとをした申し訳なさがすこし薄らいだ。

材料は五つ。

細切りの大根、にんじん。

せん切りの柚子の皮。

すりごま。

油揚げ。

この五つには、あらかじめ細やかな配慮がほどこしてある。

大根とにんじんはマッチ棒よりすこし太め、同じ長さに切り揃《そろ》える。

刻んだ柚子の皮は極細の半月。

白ごまを粗めに摺《す》る。

油揚げの扱いにも、このなますのつくり方の秘訣がある、と気づいた。油揚げにはどんな下ごしらえがしてあるのか、お母さんに聞いてほしい、とMに頼んだことがある。すると、年明けに返事が来た。

油揚げの処方
一　厚めの油揚げを熱湯でさっとゆがいて油抜きをする。
二　冷めたら軽く絞り、半分に切って裏返しにする。
三　スプーンで裏の白い部分をこそげ取って別にしておく。
四　きつね色の〝皮〟をせん切りにする。

そうだったのか。油揚げの内側をいったんこそげ取って取り分け、あとでいっしょに合わせる――。

まだ娘が結婚する以前、三人家族だった十六年ほど前、三が日かけて大事に食べた味を、いま舌の上に蘇《よみがえ》らせてみる。しっかりとした満足感と余韻をあたえる食べごたえ、おおらかな包容力、つんと角張ったところのない酢の風味。それらはたしかに、表と裏に分けたひと手間によるものだった。きつね色の皮は香ばしさや強《こわ》い歯触りを生み、その皮の裏にしがみついている白いほげほげとしたやわらかなものは、だいこんやにんじんにまとわりついてふんわりとした嵩張《かさば》りをもたらした。

年頭に味わうにふさわしい紅白なますだった。

「ああ、やっぱりすばらしい」

三人それぞれ感嘆し、賛辞の言葉を口にすることがうれしかった。

あるとき、娘が洩《も》らした。

「言葉にならない味というものがあるということを、このなますに教えてもらった気がする」

娘は、結婚したあと、元旦に夫とともにわが家にやってきて、それまでと変わらずMのお母さんのなますを楽しみにし、賛辞を尽くしながら味わうのだった。まだ誰も会ったことのないMのお母さんの顔を思い浮かべながら。

　私は、忙しさを理由にして、しだいにおせち料理をつくらなくなっていた。昔は腕まくりして昆布巻き、数の子、黒豆、きんとんなどこしらえたものだが、それもいまは止《や》めてしまった。しかし、おせちの点数がだんだん減っていったのはMのお母さんの紅白なますの存在感に甘えていたのだとも思う。親しい友だちのお母さんが手塩にかけた味のなかに充満する安寧や安心にすがっていた。

　Mから受け取った紅白なますの保存容器のふたを開けると、甘酢の香りとともに、なにか熟したものの存在が鼻腔《びくう》に流れこんでくる。これが年季というものなのだ。干支《えと》がひとまわりする以上の歳月、年頭の支えだったMのお母さんの紅白なますが味わえなくなって五年が経つ。九州に住まいを移し、夫婦ともどもあらたな老後の暮らしに入られたとMから聞いた。

　あの味を失うのはさみしい、おれが挑戦してみると連れ合いが言い出したとき、予想もしなかった決意表明に驚かされたけれど、それほどあの味を愛していたんだな、と思うと、じいんときた。最初の年は、自信がないから練習すると宣言し、十二月に三度つくったこともあった。当然ながら、伝言してもらった材料とつくり方なのに、やっぱり味はずいぶん違う。それでも、ほわほわと白いやわらかなものがだいこんやにんじんにまとわりつく様子には、縁の結びのはじっこが繫がっている。

あのころ、ずっしりと持ち重りのする包みを腕ぜんたいに感じながら、年の瀬におなじ挨拶を交わしてきた。

「よいお年を」

「よいお年を」

路上で言い合い、手を振って別れると、毛糸の帽子をかぶったMはひらりと自転車に乗って隣町へ帰っていった。

こんこん

「ハクビシンの鳴き声がすごいんですよ」

そう聞いて、思考が一瞬止まった。

ハクビシンの顔は知っている。額から鼻にかけて一本すーっと走る白いラインが、タヌキやアライグマに比べるとちょっと幻想的な風情を醸《かも》しているジャコウネコ科の小動物。和名の漢字表記は白鼻芯だ。近年、東京の街中のあちこちに出没する話は聞いていたが、「鳴き声がすごい」と教えてくれた彼女の近所でも、空き家になっている家屋にハクビシンが数匹棲《す》みついて、ときどき姿を現わすらしい。

ハクビシンは夜行性で、日が暮れると、外でいきなりすさまじい声が聞こえる。声の主がわかっていても、毎度ぎょっとしますよと言う。

「ギャアァというかゲギョォというか、まあ喩《たと》えるなら化け猫の声としか言いようがない迫力のある鳴き声です」

化け猫の声もまだ聞いたことはないけれど、ひと言では模写しにくいところにハクビシンの得体の知れなさが表れている気がする。

いっぽう、鳴き声の表記が一般化されている場合もたくさんある。日本では、カラスは「カアカア」、ニワトリは「コケコッコー」、ブタは「ブウブウ」、アヒルは「ガアガア」、ゾウは「パオーン」。いっぽう、言語圏がちがえば音の着地のしかたもずいぶん異なっていて、英語圏では、ニワトリは「コッカドゥードゥルドゥ」、ブタは「オインク、オインク」。

ずっと不思議に思っていたことがある。

キツネはなぜ「こんこん」と鳴くのだろう。いや、なぜ「こんこん」と鳴くことになっているのだろう。

キツネの鳴き声はなかなか聞けないと言われているし、もちろん私も聞いたことがないからYouTubeで調べてみた。威嚇《いかく》して吠えるときは、猫と犬の鳴き声を混ぜて何倍も荒っぽくした激しさで「ギャンギャン」「ケーン」「グェェン」……いろんなパターンがあるらしく、統一感がない。「ケーン」と「こん」は、多少似ている気もするけれど。

絵本や民話、童謡に登場するキツネは「こんこん」と鳴く。幼稚園のとき、よく歌った。

小ぎつねコンコン、

山の中、
山の中。（作詞 勝承夫）

文部省唱歌「小ぎつね」。もともとキッネを歌うドイツの曲に日本語の詞を付けたらしいが、いまもそらで歌えるのは、「こぎつね　こんこん」の語感やリズムがとても歌いやすく、親しみが湧いたからだ。「こんこん」のくだりを歌うときは、歌詞に合わせて頭を上下に振って調子を合わせていた。
「叱られて」という童謡にも、「こん」は登場する。

叱られて　叱られて
あの子は町までお使いに
この子は坊やを　ねんねしな
夕べさみしい　村はずれ
こんときつねが　なきゃせぬか（作詞 清水かつら）

短音階の、これ以上ないほどもの哀しいメロディがせつなく、自分がとぼとぼ遠い道を歩いてお使いに行かされる不安な気持ちが胸に満ちてくる。一度だけキツネが鳴く

「こん」の声も、うら寂しさの煽《あお》り立て役だ。新美南吉《にいみなんきち》の童話「ごんぎつね」にしても、子ギツネの「ごん」は、ウナギを盗んだことを反省して村人におわびの栗を届けに行ったのに、思い違いで銃で撃たれてしまう。何度読んでも、理不尽なもの哀しい結末に呆然としたっけ。「ごん」の名前の由来は「こん」なのだろうか。

しきりに「こん」が気になってしまうのは、幼稚園児のころ、母や祖母がいなり寿司を「こんこんずし」と呼んでいたからである。小学校に上がったあたりから「いなりずし」と呼び替えるようになったので、「こんこんずし」は赤ちゃん言葉みたいな呼び名だったのだろう。

母のつくる「こんこんずし」は、長方形の油揚げを半分に四角く切るのではなく、正方形の油揚げ（いなり寿司用の油揚げだったのだと思う）を斜めに切って寿司飯を詰めた三角形で、つんと尖《とが》った山頂のようなとんがりができた。大皿にたくさん、三角の小山が肩を並べて整列した光景には、「こんこんずし」の響きがとても似合った。

あのころ私は、「こんこん」はキツネを指す言葉ではなく、キツネの鳴き声でもなく、つんつん尖った頂点が居並《いなら》ぶさまを「こんこん」と呼んでいるのだと思っていた。

名前

八月のある日。

母からメールの返事がきた。八十六歳の母は、三年前に父が亡くなってからひとり暮らしを続けている。

「洋子さんのメールを読んで、今日の献立が決まりました。これからひろうすと茄子《なす》を炊《た》きます」

その昼、私が送ったメールの文面は「今晩はひさしぶりに、なすに肉味噌をのせたのをつくろうかな。むかし、お母さんがよくつくってくれたね」。

夏になると、なすの料理を母はよくつくった。皮にこまかい格子《こうし》の切れ目を入れたなすをだしで炊き、うつわに盛ってかつおぶしをかけるあっさりとしたおかず。暑さが頂点を迎えるころになると、冷やしたなすが食卓に上る日があった。わざわざ冷たくしたというより、鍋のまま外に出しておくと時節柄心配だから、容器に移し替えて冷蔵庫にしまっておき、夕餉《ゆうげ》の食卓にだした、そんな成りゆきだったのだと思う。冷たいなすは、温かいなすとはべつの、ちょっと取り澄ました味がした。

温かくても冷たくても、くったりとやわらかななすの隣でよく見かけたのが飛竜頭である。この、だしの風味をたっぷり吸い込んだ丸い座布団のような食べ物を、母は「ひろうす」と呼んでいたし、いまもそう呼んでいるということは、つい先ごろのメールで知った。ふっかりと厚い生地のなかに、にんじん、ごぼう、しいたけ、きくらげ、ひじき、銀杏のうちのどれかが入っていて、そのふくらみや豊かさにおいて、親戚のおばさんをイメージさせる包容力を感じていた。

母が「ひろうす」と呼ぶから、私にとっても「ひろうす」だったけれど、ほかにも呼び名があることを知るようになった。

きっかけは赤塚不二夫の漫画である。

少女漫画誌「りぼん」に赤塚不二夫が連載（一九六二年〜六五年、六八年〜六九年）していた「ひみつのアッコちゃん」に、私は夢中だった。おてんばで明るいアッコちゃんが、鏡をのぞきこんで誰かに変身するときのときめき。きゅんと甘酸っぱい夢を共有しながら、私はアッコちゃんに自分を重ね合わせていっときの夢をみていた。その漫画の登場人物のなかに、ガンモと呼ばれる男の子がいる。ガンモは豆腐屋の息子で、なぜかいつも丈の短い着物を着ていて、口ぐせは「×××でゲス」とか「やんすね」。子どもなのに、ご隠居《いんきょ》さんのような老成した口ぶりがちょっと嫌みで、気に障るキャラクターだった。

この「ガンモ」の名前が、どうも気になって仕方がない。ガンモって、いったいなんなの。

母か父に訊いたのか、漫画のなかで謎解きがおこなわれたのか、それとも誰かに教えてもらったのか、いまとなってはぜんぶ忘れてしまったけれど、「ガンモ」は「がんもどき」を省略した名前なのだった。さらに、「がんもどき」は「ひろうす」でもあると知ったときは混乱し、突拍子もない名前の飛躍についていけなかった。このふたつの名前には、いったいどんな交差点があるのだろう？　それから何年も経って知ったのは、「がんも」「がんもどき」は東日本、「ひろうす」は西日本での通り名で、「ひりょうず」「ひりゅうず」とも呼ばれている——最初は母の「ひろうす」だったのに、カオスは広がるばかり。

語源をたどり直すと、謎は解ける。「ひろうす」「ひりょうず」「ひりゅうず」のおおもとは、「飛竜頭」。ポルトガル語にむりやり当てた漢字で、「フィリョース」は小麦粉と卵を混ぜて揚げたお菓子を指すのだが、馴染みのない異国の言葉の響きに空を飛ぶ竜の頭を重ねるなんて、なんとロマンティックな翻案だろう。じっさい、天明二（一七八二）年に刊行された豆腐料理の本『豆腐百珍』には、「尋常品」のジャンルの十九番目に「ヒリヤウヅ」が挙げられている。材料は豆腐、「加料《かやく》」としてごぼう、しいたけ、きくらげ、麻の実、くわい、ゆでた銀杏《ぎんなん》など。まず、水気を切った豆腐をすり鉢で擂《す》り、塩と葛《くず》をくわえて生地とする。野菜はそれぞれ細切りにして醬油で味をつけ、やわらかく擂った豆腐の生地でくるんで饅頭のように仕立て、油でからりと揚げるというもの。がぶっと嚙《か》んだら、いろんな具がこぼれでる趣向だ。現在のように生地と「加料」を混ぜて揚げるより、『豆腐百珍』版のほうは福袋さながら、遊びごころのある贅沢《ぜいたく》な趣においで軍配を上げたくなる。いっぽう、「がんもどき」は、雁《がん》の肉に似せたから、あるいは鶏肉料理の「丸《がん》」の形を模したから、など諸説があるようだ。しかし、名前の出自を知ると、偽物に通じる「もどき」という響きのせいか、どうも思い切りや勢いに欠ける気がしてしまう。

——いろいろなこまかい背景を知り重ねてゆくうち、この油揚げのおばさんみたいな食べ物の呼びかたに困るようになった。疑いもなく「ひろうす」と呼んでいた幼いころから、ずいぶん遠い場所に運ばれてきてしまった。

はて、と考える。

「飛竜頭」と呼ぶべきだろうか、「がんもどき」と呼ぶべきだろうか、それとも。

「飛竜頭」のほうは母の「ひろうす」に繫がっているし、がんもどきは少女時代に馴染んだ「ひみつのアッコちゃん」の「ガンモ」に繫がっている。だから、どちらも手放しにくい。自分で自分の態度を決めきれない数年間ののち、「ひろうす」に近い「ひりょうず」、つまり「飛竜頭」を採択して矛をおさめることにした。「ひろうす」は母の言葉だという気がする。

青森の津軽育ちなら、「いがめんち」を知らないひとはいない。

私は、青森に旅をするまで聞いたことも見たこともなかったし、この呪文のようなひらがな五文字からなにを連想していいのかさえわからなかった。そういえば、津軽で「たらたま」の四文字に出くわしたときも、やっぱり解読できなかった。「たら」は魚の鱈なのかな、「たま」は卵かな、推理してみても鱈と卵がどこでどう結びつくのかわからず、頭のなかで空中分解したまま像が結べない。そもそも、青森のひとの会話を聞いていると、抑揚や文節の間合い、リズムの流れがしだいにフランス語のそれに重なってくる。

「いがめんち」の話だった。津軽の居酒屋や食堂をのぞくと、品書きのなかにたいていい「いがめんち」があるので、気になって訊いてみた。

「あのう、『いがめんち』ってなんですか」

正体を知っても、いぜん半信半疑だった。

「いが」はいか、「めんち」はメンチ。つまり、いかのメンチカツ。

やっと合点がいった。津軽では、「いか」は「いが」。

弘前《ひろさき》市内のすばらしき居酒屋「土紋《どもん》」を訪ねたときのこと。この店で味わった「いがめんち」のおいしさを、私はずっと忘れられないでいる。

「いがめんち」の注文が入ると、「土紋」のお父さんはいかの足をまな板にのせ、目とくちばしを外す。新鮮ないかげそを包丁を握ってとんとん細かく叩き切り、ほんの一瞬だけミキサーにかけてなめらかにする。そこへ玉ねぎやにんじんなどの野菜を混ぜ、揚げ油でからりと揚げると、いがめんちの出来上がりだ。

口のなかを火傷《やけど》しながら、熱い焦げ茶色のかたまりにかぶりつく。ひと噛《か》み、ひと噛み、いかの強いうまみが口いっぱいに広がってじいんと強くなる。ほかの店で食べたのより、「土紋」のお父さんがつくる「いがめんち」はふわっと優しい食べ心地だ。きっと、いかの鮮度のよさからして違うのだろうし、げその叩きかたにも工夫や技があるのだろう。

津軽では、醬油をつけたり、ウスターソース、マヨネーズ、添える調味料もさまざまだと聞いた。

こんな話をしてくれた弘前生まれのひとがいる。

「大学に入学して東京に引っ越すまで津軽を出たことがなく、メンチカツという食べ物はいかでつくるものだと信じていました。だから、東京の学生食堂で、ひき肉のメンチカツを初めて食べたときの衝撃はすごい。思わず、友だちに『メンチは、いかでつくらなきゃメンチじゃない』と主張したら、思いっきりばかにされました」

津軽の風土と「いがめんち」はがっちり手を組んでいる。先に書いた「たらたま」は、細く裂いた干し鱈の身を生卵につけて食べる酒の肴《さかな》なのだが、どっかりと性根の据わった「たらたま」の語感は、津軽の気候や風土や人間の生きかたと直結していると思うのだ。

苦い記憶がある。

油揚げのことを、私は子どものころ「あぶらあげ」と呼んでおらず、ずいぶん長いあいだ「あぶらーげ」という名前だと思いこんでいた。「ら」と「げ」のあいだ、音引きの棒のなかに埋もれている「あ」の存在にまったく気がつかなかったし、「あぶらーげ」と言うときの長閑《のどか》な響きがとても気に入っていた。

その名前を修正することになったのは、大学に入ってすこし経ってからだった。なにかの拍子に、友人が「あぶらげ」と呼ぶのを耳にした。しかも、語尾を右上がりにして、「げ」に重点を置く。

え、あぶらげ?

私は、ほんとうにあせった。これまで自分が呼んできた「あぶらーげ」、横浜育ちの彼女が呼ぶ「あぶらげ」、それぞれまったくべつの響きなのに、同じものを指しているって、どういうことなんだ。ただの聞き覚えにすぎない「あぶらーげ」の名前に根拠も自信もなかった私は、逡巡したあげく「あぶらーげ」に別れを告げ、「あぶらげ」に修正する方向へ舵を切った。そして、「あぶらあげ」という終着駅にたどりついたのは二十二歳になったころ、初めて自分で買った料理の本のなかに「油揚げ」という文字を発見したときである。

あぶらーげ。

あぶらげ。

あぶらあげ。

あげ。

おあげ。

きっとほかにも、私の知らない名前があるのだろう（子どものころからずっと「おきつね」と呼んでいるというひとに会ったこともある）。それでも、「あぶらーげ」や「あぶらげ」が油揚げであると正解がもたらされたときの複雑な気持ちは、あっさりと捨てることができない。ものごとが理路整然とすれば、腑に落ちた安心を味わう。でも、どこかつまらないなとも思う。はっきりと白黒がつかない定まらなさ、得体の知れなさが消えてしまったことがちょっとさみしかった。

ところで。

青森や秋田あたりでは、鰰《はたはた》を「はだはだ」と呼ぶ。歌手の友川カズキさんと雑談していたとき、なんの話の流れだったか、鰰のことになった。

「青森の津軽に高木恭造という詩人がいたのよ」

「はい、高木恭造。『まるめろ』という詩集がありますよね。それこそマルメロ色のきいろい表紙。とてもすきな一冊です」

「高木恭造、ぼくも大好きなんですが、彼の詩を読んでいたらね、鰰のルビにhadahadaと書いてあったのよ。いやあ、もう感じ入っちゃってね。そうだ、そうだよ、と。鰰は断じてハタハタではない、ハダハダでなければ鰰ではないのよ」

友川さんは、ハダハダと言うとき、ダの音は空気を鼻から抜いて絶妙な鼻濁音《びだくおん》を使って発音した。あんまり魅力的な音だったので、私も真似をしてみたくなった。思い切ってけっこう大きな声で、ハダハダと言ってみた。とたんに、あたりが東北の空気に染まった。

お勝手をする

夜七時半過ぎ。おなじ年回りの、おなじ仕事をしている親しい友人の顔が浮かんだ。午前中から机の前に貼りついてこなしていた仕事がやっと片づき、ひと心地がついたら彼女の声（LINEだけれど）が聞きたくなった。よほど親しくなければ食事どきに連絡したりしないけれど、おたがい遠慮のいらない友人はありがたいなと思いながら。

短い一行を送る。

〈どうしてる？〉

こういうとき、なにかが共振するのだろうか。十秒も経たないうちにチリンと着信音が鳴った。

〈こっちもたったいま終わった。死ぬかと思った。大変だった〉

わけあって時間勝負の依頼原稿を数本、新聞や雑誌に死にもの狂いで書いて送ったところだと言う。そうか、おたがいに似た状況だったわけだ。

ねぎらいの一行を送る。

〈お疲れさま。あたしもちょうど終わって、白ワイン飲んだところ〉

チリンと着信音。

〈ワインもう飲んでる。だれかの顔を見に外に出かけたくなるけど、もう飲んじゃったからクルマ運転できない。いま、お勝手してる〉

いましがたまで周囲に取り憑いていたせわしなさが消える心地がした。なぜだろう。すこし考えて、ああ、と思う。ひとり住まいの友人の「いま、お勝手してる」という言葉に反応したのである。

「お勝手してる」「お勝手をする」は、台所でなにかをしているという意味だ。たしか祖母も、近所のおばさんも、よく言っていた。「お勝手」と言わず、「おだいどこ」と言うおばさんもいたけれど、「お勝手」や「おだいどこ」という言い方には土地柄とか地域差があるのだろうか。また、「お勝手口」といえば家の裏口を指し、塀の一部の小さな戸口の上に墨汁かマジックインキで「勝手口」と書き記した木片が打ちつけてある家もあった。

「お勝手」は台所を意味するが、「する」という動詞がつくと、台所で立ち働く行為をあらわす言葉になる。とくに詳細は説明しなくとも、なにかしら台所仕事をしているという状況をさす。また、〝好きでも嫌いでも、やらなきゃ前に進まない〟というニュアンスがこもっているから、なかなか味がある言葉だ。友人が「死ぬかと思った」大仕事を片づけ、ふわふわと地面に足がつかない気分に収まりをつけるために、とりあえず台所に入って「お勝手してる」気持ちが、痛いほどよくわかった。

　こういう「生活の言葉」には、ナマの感情や暮らしにつながる行為がまとわりついて好もしい。

　おなじようなニュアンスを感じる「生活の言葉」のひとつに「お揚げの炊《た》いたん」がある。京都や大阪あたりでよく聞かれる言いかたで、醬油《しょうゆ》、みりんか砂糖、酒などで油揚げを炊いただけ。「煮染《にし》める」といえば、なにやら時間の経過が感じられてそれなりに背筋が伸びるけれど、「炊いたん」には生活の匂いがくっついて素朴だ。手近な調味料を使ってさっと煮ただけだから、おかずともいえないし、とくべつ名前をつける必要もないというわけだ。「炊いたん」は、ほかの土地なら「炊いたの」となるだろうか。私にしても、しょっちゅう「お揚げの炊いたん」をつくっているが、とくに名前をつけたり呼んだりしないまま今日まできた。

　こういう、名前も説明も必要としないところが（油揚げだな）と思う。途中で裏表を返すと煮汁をまんべんなく吸わせられるとか、煮えたらそのまま冷ますと味が染みるとか、「お揚げの炊いたん」にもそれなりに要諦《ようてい》はあるのかもしれないが、なにかの拍子に（そうだ、油揚げが二枚残っている、ついでにさっと煮ておこう）くらいの片手間ですませることが多い。洗いものをするかたわら、小鍋を火にかけて油揚げを煮て、汁気が少なくなってきたら火を消してそのまま置けば勝手に味が染みる……たいていそんな感じだ。

名前をつけないまま、鍋のなかの時点に留めておくところにお勝手の知恵を感じる。名前がつけば、なんとなく縛られてしまいがち。でも、名なしなら、どうとでもなる。うどんやそばにそのままのせてもいいし、味噌汁《みそしる》の具やサラダの素材にもなれば、刻んで卵でとじれば丼もののアタマにもなる。

「お揚げの炊いたん」は女たちの味方である。だから、「お揚げの炊いたん」という鷹揚な言いかたにほっとするし、連帯の気持ちを抱く。

皺のなかの話

見ちゃいけないと思うのに、じっと見たくて困るときがある。

モノの場合は、近づいたり触れたりしながらいくらでも確かめられるけれど、とくに親しくはない間柄の相手なら、そうはいかない。口の横についているのは黒ごまに見えるけれど、海苔の切れ端にも見える、昼の食事どきを過ぎたところだからよけい気になるのだが、ほくろかもしれない。黒ごまなら「あっ、ついてますよ」と言ってあげられるのに。じっと見るのは不躾《ぶしつけ》だから目を逸《そ》らしたいけれど、視線が勝手に吸い寄せられて……。

子どものころ、じっと見たくて困ったのがお年寄りの口のまわりのちりめん皺《じわ》である。おじいさんやおばあさんの口のまわりにはなぜあんなにたくさんの皺ができるのか、不思議でたまらなかった。気のすむまで見てみたい。指の腹で触ってもみたい。ちらちらと盗み見していると、たて皺がだんだん生き物のように蠢《うごめ》きはじめる。とくに口のまわりの皺が深かったのは父方の祖父だったのだが、あの皺をじっと見ていると、顔の表情がすうっと消える瞬間があり、目も鼻も顎もなくなって皺だけになる消失点を越えると、今度はどっと恐怖が押し寄せてくる。

油揚げには無限の皺がある。ふだんは忘れたつもりになっているけれど、表面に刻まれた無数のちりめん皺を見ていると、フッと取り込まれそうになる。そうなるとかなわないので、見て見ぬふり、気がつかないふり。あの大小の皺の奥まったところに秘密の話がひと知れず隠されている気がするのだ。

そんな話のうちのひとつを、そっと取り出してみたい。

三十年以上前の話だ。まだ誰にも話したことはない。

「トオイさんったらひどいこと言うんだよ」

Fちゃんが声を潜めて言った。

彼女は当時とても親しくしていた女ともだちで、あのころしょっちゅう会っていた。おたがいに愚痴やら心配ごとやら遠慮のない会話をする間柄で、彼女の率直な物言いや白黒をはっきりつけたがる気性が好きだった。Fちゃんは夫とうまくいっておらず、家の外に恋人がいた。妻子持ちのトオイさんがその相手である。

「ひどいことってなに」

「ぎょっとしたわよ。そんなのあり得ないもん」

「だから、なに」

「聞いてよ、ああ腹が立つ」

たっぷり前置きをしてから、Fちゃんは話しはじめた。

「トオイさんは京都の男なんだけど、ものすごく断定的な口調でこう言うわけよ。『油揚げは三時間煮なきゃいけない』。はあ？　って思うの、当然でしょう？　あたしのつくったいなり寿司が食べたいと言いだして、ただし、みたいな調子で『三時間煮なきゃいけない』と付け加えるわけ。よく聞いてみると、油抜きした油揚げを弱火でことこと三時間、落とし蓋《ぶた》をして煮てつくるのがいなり寿司である、と。どうも、実家のおばあちゃんがそうやってつくっていたらしい。そんな長時間煮るなんて聞いたことがないって返したら、ほかの家のことは知らない、とにかく実家じゃあそうやってつくっていた、それがうまかった、と譲らない。なにかの勘違いじゃないのと言ったら、『おれんちのいなり寿司を否定するのか』と逆ギレされちゃって」

びっくりした。それが油揚げでなくても、鍋の隣に三時間もつきっきりになるなど重労働である。うっかりすると煮汁は煮詰まるし、火加減を誤れば焦げつく。その当時、私は子育てにてんてこまいだったから、よけいにぞっとした。おなじ西日本の倉敷の実家では、いなり寿司をつくるときに三時間も煮るなんて聞いたこともなかったが、母のやり方がずぼらだったのだろうか。こういうとき「京都」の二文字が効力を発揮し、三時間のほうが本式のような気がしてきてなにも言えなくなってしまった。

「それでどうしたの。いなり寿司つくったの」

「うん、つくった。油揚げ、意地で三時間煮た」

おいしかったとか、うまく出来たとか、その答えは覚えていない。でもそのとき、トオイさんから下った命令通りにFちゃんが油揚げを三時間煮たという選択に、なぜかひどく納得したのである。そうだよな、煮ちゃうよなあ。このときFちゃんは、小さい子を置いて家を出てトオイさんと同棲しており、とにかくトオイさんにぞっこんだった。

Fちゃんが油揚げを三時間煮ている姿を五年に一度くらい思いだすのだが、これを書いている今日がその日だったというわけだ。ふたりはたしか二年近く同棲していたが、あれ？　と気がついたら、いつのまにかFちゃんは家に戻っていて、「育ち盛りの中学生と働き盛りの男二人ぶんのお弁当つくるの、もう大変なのよ」と言っていた。

いなり寿司を買いにいく

いなり寿司を買いに行く愉しみは、手土産や差し入れの品を見繕《みつくろ》っているときに発見した。

小さな集まりや誰かの家を訪ねるとき、菓子折をあれこれ探しながら、そのうちいなり寿司もいいなと思うようになった。気のせいかもしれないが、菓子折より、いなり寿司のほうがずっと場が温まる。老若男女、好みを問わないし、ふた口くらいで食べられるから手軽だし、人数が増えても減っても適当に分けられる。受け取る相手も手渡すこちらも、おたがいに気が張らないのもいい。たまに、いなり寿司と海苔巻きを組み合わせて助六にしたりもする。

そのうち、はっとしたのである。自分のためだけに、わざわざいなり寿司を買いに行ってもいいんじゃないかしら。ふだんは通りかかった伊勢屋さんやデパ地下などでぱっと買ったりしているけれど、わざわざ電車に乗って目当ての店のいなり寿司を買いに行くのは、おとなの遠足に似て楽しそうだ。

行ってみようか、いなり寿司を買いにどこかへ。

東向島

青い空にすっくと立つスカイツリーを眺めながら歩いていると、東京の東にやってきたなあという気分が湧いてくる。ふだん西のほうに住んでいる私のような者にとって、スカイツリーが視界に現れると、はるばるやってきたという遠出の気分がおのずと盛り上がる。

浅草から東武伊勢崎線に乗り換え、曳舟《ひきふね》駅で下りた。ここから、まず向島百花園《むこうじまひゃっかえん》にまわろうという計画である。向島百花園は、文化元年（一八〇四）、骨董商の佐原鞠塢《さはらきくう》が文人墨客《ぶんじんぼっかく》の協力を仰いで旗本の屋敷跡に造営した庭園の流れを汲む。万葉集や詩経など日本や中国の古典に詠まれている植物や草花が集められ、楚々《そそ》とした佇《たたず》まいが好もしい。初めて足を運んだのは三十年以上前だったが、浅草に住む友人に連れられて行くとハギの花がちょうど満開、通称「ハギのトンネル」がそれは見事だった。これまで三度くらい訪れたけれど、指折って数えてみたら七、八年はごぶさたしている。でも、頭のすみで「向島百花園」の名前が消えたことはない。

東向島へいなり寿司を買いに行こうと考えた。目当ては「松むら」。いつかぜひ味わってみてねと浅草に住んでいる知人に何度も薦《すす》められていた店で、品書きはいなり寿司、のり巻き、太巻き、かっぱ、おしんこ、梅など。甘じょっぱい濃いめのお揚げの味がすばらしい、一度食べたらくせになるわよ、春のお彼岸から秋のお彼岸のあいだは酢飯にけしの実入り、さっぱりとした風味がまたよくて、と彼女の賛辞は止まらない。今日は六月だから、けしの実入りなのかな。冬はにんじん、れんこん、昆布などが入った具だくさんだとも聞いた。ところが、向島に用ができる機会がそうそうなく、何年も「松むら」は先送りになったままになっていた。でも、天気のいい日に向島百花園と組み合わせれば東京の名所散策ができると思いついたら、にわかに気が急く。

見慣れぬ風景を眺めながら歩けば、ちいさな旅のはじまり。曳舟から隅田川方面へ向かい、東向島のその先にある向島百花園はすぐに見つかったけれど、あら。閉まったままの扉が「コロナ禍で休園中です」と言っている。そうか、そうだったか。うらめしげに眺めても扉が開くわけもなく、未練たっぷりに踵《きびす》を返す。あらかじめ調べてから来ればよかったのに、期待ばかりをふくらませていた。

後ろ髪を引かれながら、「松むら」に向から足が速まった。向島百花園に門前払いされると、やみくもに不安が高まってくる。

東向島一丁目十五番地、おおきなノボリが揺れている。

あった、あった。朱色の鳥居《とりい》マーク、「いなりずし　のりまき」。「釜炊きいなり」の暖簾《のれん》も出ているから、「松むら」は開いている。

初めての店だから勝手がわからず、そろりと敷居《しきい》をまたぐ。

「こんにちは」

「いらっしゃいませ」

お揚げに寿司飯を詰めては大きな木箱に並べている女性がこちらに顔を向け、迎えてくれた。油揚げは、念入りに油抜きしたあと、開店以来継ぎ足してきたたれで煮て、一日以上寝かせると雑誌で読んだことがある。

手早く木箱に並べられるお揚げの艶《つや》を見ていると、口のなかにツバが溜まってきて困った。

「お決まりになったら、どうぞ」

「はい」

カウンターに置いてある、いなり寿司、海苔巻き、太巻きの組み合わせ例と首っ引きになりながらさんざん迷い、欲張る気持ちを必死に抑え、いなり四個と海苔巻き四切れの折詰を三つ頼んだ。

「ありがとうございました」

ほがらかな声に見送られて曳舟のほうへ歩きはじめる。

そうだ、唐突に思った。たしか、すぐ近所に「志満《じま》ん草餅」がある。ちょっと重くなるけれど、ついでに欲張って東向島名物の草餅も買って帰るのはかなりいい案じゃないかしら。

よもぎの深緑が色濃いなめらかな餅肌を目に浮かべてUターンしたら、また早足になった。

赤坂

四谷から地下鉄丸ノ内線の改札を通る。

午前中いっぱいかかる見込みだった用事が思いのほか早く片づき、一時間半ほど空き時間ができた。荻窪方面のホームへ向かえば、新宿三丁目駅で下りて紀伊國屋書店に回ったあとクラシック喫茶「新宿らんぶる」で本が読める。手堅い流れだ、そうしようと決めたのに、いや反対側のホームの銀座方面じゃないの、赤坂見附駅で降りようよ、ともうひとりの自分が主張した。

赤坂見附駅から五分ほど歩くと、青山通り沿いに豊川稲荷東京別院がある。ひさびさに参詣し、そのあと茶店《ちゃみせ》でいなり寿司とおでん、と心づもりをした。とっさの方向転換に、よしよし上出来じゃないかと気持ちが弾み、地下鉄の赤い電車がホームに入ってくるのを待った。

豊川稲荷東京別院は愛知県豊川市にある豊川稲荷の直轄《ちょっかつ》、曹洞宗《そうとうしゅう》の寺院である。江戸期、大岡越前守忠相《おおおかえちぜんのかみただすけ》が江戸屋敷内に豊川吒枳尼眞天《だきにしんてん》を祀《まつ》り、一般信徒の参拝を許可したことに由来する。もともと大岡家は三河の武将で、故郷から仏教守護の豊川吒枳尼眞天を勧請、江戸の稲荷信仰の高まりとともに商売繁盛、家内安全、福徳開運の御利益を求める庶民の参詣を集めた。赤坂一ッ木から現在の元赤坂に移転したのは、明治二十（一八八七）年。

東京都内の〝パワースポット〟として知られる豊川稲荷東京別院の境内に、むかしながらの小さな茶店があることはあまり知られていない。私にしても、以前友人のSさんに教えられて初めてその存在を知り、Sさんたちと寄ってみたときが最初だった。都心のまんなかの寺院の境内で、時計の針が止まったような古めかしい茶店で食べるいなり寿司は、味をどうこういう以前にとてもありがたいものだった。

なぜ、いなり寿司はいなり寿司と呼ばれるようになったのか。その背景には日本人の稲荷信仰と深い繋がりがある。

稲荷神は五穀豊穣の神様、稲荷神の使者は狐。稲荷信仰と狐との関係には諸説あり、狐の尻尾が垂れ下がった稲穂に似ているから、米を食べるねずみを退治するから、あるいは、古来から狐は霊的動物だから、などといわれてきた。狐の好物が油揚げだから、油揚げを煮染めて仕立てる寿司をいなり寿司と呼ぶようになったというのが通説になっている（江戸で「しのだ寿司」とも呼ばれたのは、狐伝説で有名な和歌「恋しくば尋ね来て見よ和泉《いずみ》なる信太《しのだ》の森のうらみ葛《くず》の葉」からの連想による）。いずれにしても、江戸期に興隆した稲荷信仰と狐、狐の好物の油揚げは、日本人の信仰心と切っても切れない関係であり続けてきた。日本全国にたくさんの稲荷神社があるが、曹洞宗の寺院である円福山妙厳寺《えんぷくざんみょうごんじ》が豊川稲荷と呼ばれるようになったのは、神仏習合思想において仏教寺院でも稲荷神が祀られ、守り神、豊川吒枳尼眞天が稲穂を担いで白い狐にまたがっておられることにも由来する。そのようなわけで、豊川稲荷の境内には無数の狛狐が祀られ、門前でいなり寿司が売られるようになった。

正面の本殿に参詣したあと、敷地内の駐車場の奥にある茶店にまわる。「家元屋《いえもとや》」「美吉《みよし》」「菊家」の三軒が並んでおり、まんなかの「美吉」に入ると、相変わらず昭和の香りがふんぷんと漂う。ぶら下がっている短冊に、きつねうどん、煮込みうどん、わかめうどん、月見うどん、玉子とじうどん、カレーうどん、力とじうどん、肉とじうどん、力肉うどん。いずれも、そばもある。いなり寿司は一個百三十円、おで

ん、みそおでん、いそべ巻き、おぞう煮、あべかわ餅などが並び、甘酒も出す。テーブルの上にはザルに盛ったゆで卵がいくつか。

「みそおでんといなり寿司ください」

「いなり寿司は、ひとり一個なんだけどいい？」

「はい」

ほどなく熱いお茶、甘じょっぱい味噌がとろりとかかった温かなこんにゃくのひと皿、いなり寿司一個と赤い生姜がのった小皿が置かれた。ぷりぷりのこんにゃくに味噌をまぶして食べていると、おなかのあたりがほんのり温まってくる。いなり寿司を半分食べると、寿司飯の断面からたっぷりの黒ごまが顔をのぞかせ、工夫のあとが偲ばれる。奥のおばさん三人組は、煮込みうどん、カレーうどん、きつねうどん。すぐ隣の親子連れは、お母さんが甘酒、息子ふたりはいなり寿司とみそおでん。おなじ時間に居合わせたお客が茶屋の空気の温もりを高め合う。

みそおでん三百三十円、いなり寿司百三十円、締めて四百六十円を支払って外に出ると、すぐ右隣「家元屋」の店頭に横移動して、お土産にいなり寿司三個のパックを買い求めた。

薄いピンクの掛け紙にはこう書いてある。

赤坂名物　昔ながらのいなりずし
家元屋三代目「井上ナカ」が戦後販売を始めた時から同じ味を守り続けて七十年以上。白い酢飯に甘めのおあげが自慢の昔ながらのいなりずし。

都会のシンボルのような赤坂に、こうして日本人の稲荷信仰と暮らしが息づいている。いなり寿司の俵形は米俵にも見える。いなりとは稲生り。いなり寿司は、米そのものを言祝《ことほ》ぐ食べものでもある。

伊東駅で

静岡の伊東に行ったことはないのに、ずっと前から伊東の名前には馴染みがあった。よく鼻歌で歌っていた。

♪伊東にゆくならハトヤ
でんわはヨイフロ
伊東でいちばんハトヤ
でんわはヨイフロ
4・1・2・6　4・1・2・6
はっきりきめた
ハトヤにきめた
伊東にゆくならハトヤ
ハトヤにきめた　（作詞 野坂昭如　作曲 いずみたく）

伊東のホテル「ハトヤ」のCMが最初にテレビで登場したのは一九六〇年代、関東圏が中心だったが、九〇年代半ばくらいまで全国ネットのアニメ番組などで流れていたようだから、それで聞いたのだと思う。「伊東にゆくならハトヤ」のフレーズはいっぺんで覚えたし（同じハトヤグループのCMの画面に登場する、可愛いボクが両手で支えたぴちぴち跳ねる魚を支え切れずに逃す場面は何度見ても萌える）、「ヨン・イチ・ニ・ロク」のリズムは癖になる。伊東に降り立ったこともハトヤホテルに行ったこともないのに電話番号まで刷り込まれ、今日まで忘れていない。当時、どこかのテレビのクイズ番組の景品が「ハトヤ」の宿泊券だったことも覚えている。とにかく、昭和のころ、「ハトヤ」の三文字はお茶の間でひっきりなしに連呼されていたのである。

ずいぶんあとになって知ったのだが、「ハトヤ」という伊東のリゾートホテルの前身は地元の「ハトヤ旅館」で、もとの所有者が鳩を出す技が得意な手品師だったから「ハトヤ」という名前がついたらしい。私の知人に、子どもの時分から耳に馴染んだ「ハトヤ」なるホテルに泊まってみたい欲望を抑えきれず、わざわざ家族旅行を計画して泊まりに行ったひとがある。

「腰を抜かしたのは、大宴会場での夕食のあとです。いよいよ歌や手品の余興も終盤に差し掛かったとき、大広間後方から白い鳩がいっせいに飛び出てきてパタパタパタパタと天井の下を行き交ったので、度肝を抜かれました——あ、これ、言っちゃってよかったのかな」

「まさか本当に鳩が？」と驚きながら、さすがは「ハトヤ」だ、お客の期待に応える律儀なサービス精神はすごいと感じ入った。

たとえばそんなふうに、伊東という土地の名前は私のなかで奇妙な濃度を保ち続けてきた。でも、これまで小田原、熱海、天城《あまぎ》、下田方面をはじめ伊豆半島にはあちこち旅をしても、行き先が伊東になることはなかったし、伊東を素通りしてきてしまった。

ところが、歳月というのはおかしなもので、この二年、伊東の海を眺めながらいなり寿司や駅弁を二度食べている。ユルい潮風に吹かれて青い水平線を眺めながら、ぽつねんと、粛々と。

断食の帰りなのだ。春あたりに一週間、伊豆高原にある施設で断食をする習慣が十年以上続いている。これまで断食について何度となく書いてきたから詳細は省くけれど、年々歳々、これほど贅沢《ぜいたく》な一週間はないという思いがふくらむばかりだ。断食のあいだ、食欲や食べる行為から自由になるだけではなく、日々の買い物から台所に立つことには

じまって日常から無制限に湧き出る些事《さじ》一切から逃れる、ぶっちぎりの解放感は何ものにも代えがたい。

いなり寿司の話をしたい。

数年前、旅の多い男性ライターSさんと話しているとき、「伊東駅構内で売っている駅弁のいなり寿司、あれはうまい。あのいなり寿司を買うために伊東に行きたいくらいだ」と聞かされ、「いったいどうしてそんなに」と訊《き》いてみると、真剣な表情で教えてくれた。

「揚げの汁気がね、すごいんです。たっぷり染みこんでいて、じゅわーっとしているんですよ、一個一個のいなり寿司が。あれはすごいです」

取材ものに定評のあるひとなのに「すごいんです」しか言わないところに妙な説得力があった。帰り道、その場に同席していた編集者が「それにしてもいなり寿司の話、ごつかったですね。いなり寿司にあれほど入れ込むひとに初めて会いました」。私もちょうどおなじことを思いながら歩いていた。

翌年、いつものように断食を終えてこれから東京に戻ろうというとき、あっと思ったのだ。伊豆高原駅から列車に乗ると伊東駅を通るのだから、途中下車すれば伊東のいなり寿司との邂逅が果たせる——。

初めて降り立った伊東駅のホームの空気をいまも忘れない。あと数日で五月がやって来るぽかぽかとぬくい日差し。どこか現世感が薄く、地面から足が数センチ浮いている。観光地ならではの非日常の空気を感じたが、小田原や熱海や箱根とはどこか違うような気がした。

それから一年経ち、また断食明けに伊東で途中下車したくなった。

今度は四月最初の週末、午前十一時過ぎ、伊豆高原駅でリゾート21に乗り、伊東駅に十一時三十三分に着く。ホームに降りて階段を上り下りし、改札のすぐ脇の「祇園《ぎおん》」駅弁コーナーの前に進むと、伊東駅名物、あの四角い折詰が整列している。

いなり寿司とひとくちに言っても、「祇園」のそれには人間味がある。

終戦後の昭和二十一（一九四六）年、活動写真の弁士として浅草で活躍していた守谷定一が東京を離れ、伊東の中央町でいなり寿司の店を開いた。なぜいなり寿司だったかといえば、妻・かつ江の母の実家が清水の稲荷神社だったから。当時のモノクロ写真に写っているかつ江は白い割烹着《かっぽうぎ》に身を包んで福々しい笑顔、ちょっと緊張した面持ちの定一は元弁士らしい精気に溢れた顔つき。縁の深いおいなりさんの霊験にあやかろうとする元弁士の心情を思うと、ぐっとくる。砂糖も白米も貴重な時代、甘いいなり寿司はたちまち評判を呼ぶ。煮染めたお揚げから染み出てくる甘じょっぱい汁気は、老若男女だれにとっても夢のようだったろう。終戦後も、いまも、油揚げが目いっぱい汁気を含んだ複雑な味わいはめくるめく興奮を連れてくる。昭和三十四（一九五九）年には国鉄

（当時）伊東駅構内に出店、伊東初の駅弁となる。昭和三十七（一九六二）年、駅ホームに立ち食いそばのスタンドを出す。昭和四十一（一九六六）年、駅弁の製造販売を開始——おいなりさんの霊験はあらたかだったのである。現在、静岡のJR構内にある駅弁屋は五軒、そのうちの一軒として「祇園」は変わらず気を吐いている。いなり寿司は、いまや伊東市民のソウルフードだ。

Sさんの、熱の入った言葉は誇張でも何でもなかった。

「揚げの汁気がね、すごいんです。たっぷり染みこんでいて、じゅわーっとしているんですよ、一個一個のいなり寿司が。あれはすごいです」

本当にそうだ。お揚げはとても薄いのに、口に入れると存在感がぐんと増す。少しきつめの酢味、甘い風味の寿司飯と混じり合い、「年季」という二文字が思い浮かぶ。駅構内の売店で、地元のぐり茶の茶瓶もいっしょに買った。なつかしいな。お茶の熱でふんにゃりとやわらかくなったポリ茶瓶の感触が、泣きたいほどなつかしい。針金のような細い把手《とって》付きのポリ茶瓶は、子どものころ、家族で鳥取を旅したとき、

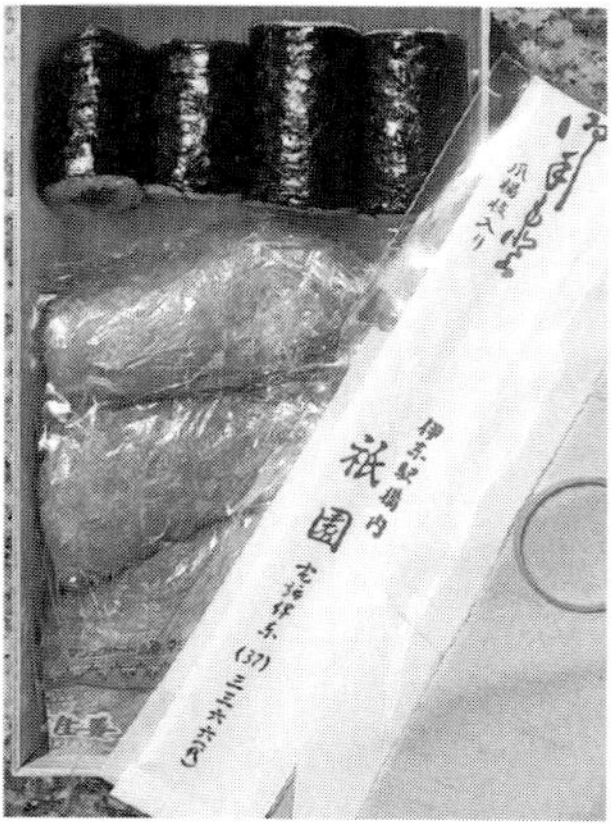

列車の座席で初めて知った。

そのいなり寿司を、伊東オレンジビーチと名前がついた海岸の石段に腰を下ろし、水平線を眺めながら潮風といっしょにつまむ。白い三角の帆を張ったヨットが右手の海に一艘《そう》、左手の海に二艘。砂浜には、大きな椰子《やし》の木。ぽかんと明るい日差しを浴びながら、じゅわじゅわの薄皮のいなり寿司を頬張っていると、どこか浮世離れした気分が昂じてくる。そういえばつい最近、長らく伊豆半島を縦走してきた特急電車185系が「踊り子」から引退し、E257系に統一されたとどこかで読んだ。かつて観光が一大レジャーだった時代の夢を乗せて走った特急電車は消えてしまったけれど、「祇園」のいなり寿司はいま私の指のなかにある。

いつかハトヤホテルに泊まることがあるだろうか。

松山あげのこと

　以前は、外国を旅しているとき、一食でも多くその土地の食べ物を見たい、知りたい、咀嚼《そしやく》して胃袋に収めたい欲望に駆られていた。

　アジアのどこかに旅をすれば、ホテルのヨーロッパスタイルのバイキングなどもってのほかで、早朝に起き出して近所の市場まで歩いて行き、界隈の簡易食堂や屋台に寄るのを習慣にした。ひとり旅も多かったから、一度にたくさんのものを食べられず、毎朝同じ屋台に寄って、昨日は油條《ヨウティアオ》と肉だんごの粥《かゆ》、今朝は白身魚の粥、翌朝は豆乳というふうに、注文の内容を変えながら同じ店に通い詰める。そんなふうだったから、旅先で日本食に近づくこともなく、とくに恋しいと思うこともなかった。

　ところが、旅をはじめて三十年も経てば、だんだんその街の日本食（日本ふうの食べもの）にも興味をそそられるようになってきた。ヘルシンキの街をぶらぶらと散策しているとき、派手なネオンサインの「ＳＵＳＨＩ」を見つけると、立ち止まって外貼りのメニューを上から順番に熟読、にしんの酢漬けのにぎり寿司やロールを見つければ、北欧での寿司の変容の一例を確認してグローバリズムの一端を知る。ロンドンの回転寿司もおもしろかった。おっかなびっくり入ってきたカップルが最初に取った皿は玉子焼きをのせた軍艦巻き。謎の行動だと思ったが、すぐに納得した。そうか、生の魚の切り身より焼いた玉子のほうがはるかに馴染みがあるし、火が通してあって安心できるから、手が出しやすい。ロンドンを発つ直前にわざわざ回転寿司屋に入ってみなければ目撃できない光景だから、うれしかった。

「これでなくては」と頭ごなしに決め込んでいると、うっかり逃がしてしまう。針の穴に糸を通そうとしているとき、周囲の一切が視界から消えているのと同じように。

ある日のことだ。Iさんから小さな箱が郵送されてきた。ガムテープを剝《は》がすと、なかに文庫本がどっさり十数冊、その隣に讃岐うどんの麺が数種類、赤い文字の袋が二個、なかなか珍しい取り合わせである。Iさんは編集者で、数日前に原稿の依頼があり、引き受ける旨を連絡すると、〝資料が必要だと思うのですぐ送ります〟とのことだった。見繕《みつくろ》った資料を詰めた箱の隙間に食べ物を詰めてくれたIさんの親切心に感動しながら、私は、資料の山をそっちのけにして、まず食べ物の中身をあらためた。

讃岐うどんの生麵と乾麵が数種類といっしょに肩を並べる赤い袋をみとめ、あっと声が出た。

それは、しょっちゅう買い物に寄るマーケットの乾物コーナーに並んでいるのと同じものだった。ちらちら視界に入っていたのに一度も手に取らなかったのは、袋から透けて見えるきつね色と赤の取り合わせがなんとなく垢抜けないジャンクな雰囲気を醸しており、敬遠していたからだ。

状況は一変した。

Ｉさんがわざわざ選んで詰めてくれたのだから、ただものではない。

赤い縁取り、赤い文字で「松山あげ」。

しばらくじっと眺め、はっとした。Ｉさんはお隣の香川出身ではなかったか。「松山あげ」の文字からじわじわと四国愛が伝わってくる。

こうして私は松山あげと出会い、そして虜《とりこ》になった。

いまや骨抜き。

Ｉさんによって縁がもたらされなければ松山あげを知ることがなかったと思うと、それまでみすみす見逃していた自分をばかばかばか……と面罵したい。油揚げの信奉者を名乗りながら、小さな針の穴しか見ていなかった、と忸怩《じくじ》たる思いがする。そんな気持ちになるのは、松山あげと知り合って二年しか経たない新人だからかもしれ

ないが。

ひと袋の値段、二百円。袋に「松山あげ」と書かれていなければパリパリの軽い揚げ煎餅に見える。しかし、これがただものではないのです。

松山あげが本領を発揮するのは、汁気を吸ったあとだ。水、だし、卵、なんでもいい、とにかく汁気を吸収したあとがすばらしい。さっきまでパリパリ、かさかさ、羽のように軽かったくせに、汁気を吸ったとたんとろーんとやわらかくなる。薄い餅に似ているのだが、餅ほど伸びるわけではない。でも、破れたりちぎれたりしない。口当たりも、絹ごしのようななめらかさ。菜種油で揚げたこくもある。しかも、賞味期限三ヵ月。油揚げはどんなに長くても五、六日でしょう、いっぽう松山あげは三ヵ月なんですよ。油揚げの範疇を超えた台所のスーパーサブ的存在である。

このオリジナルな立ち位置と持ち味に、たちまち魅了された。Iさんによってもたらされた二袋はあっというまに空になり、味をしめた私は、例のマーケットの乾物コーナーに走り、袋をひっつかんだ。軍門に下ったのである。

最初は味噌汁や煮物に使っていた。袋の口を破き、かさこそと鳴る音を聞きながら松山あげをひとつかみするとき、ほんの一瞬、火花がスパークして高揚する。しゅっと近道を走る得意満面な気分。椀によそうと、くったり煮えたなすといっしょに味噌汁のなかからとろんと現れるやわらかな雲のかたわれは、油揚げでも麩《ふ》でも餅でもない、特別な何ものか。激しい変貌ぶりに心が躍る。

だんだん扱いに慣れてくると、さあ何か新しいことをやってやろうじゃないかという気になった。

まず思いついたのは卵のつけ焼きである。溶き卵に削ったチーズ、みじん切りのパセリを混ぜ、松山あげをひと袋、思い切りよく浸して十五分ほど置く。汁気を吸ってぷっくりふくれてくるので、見覚えがあるな、と思ったらフレンチトーストをつくるときの光景だった。これをひとひら、ひとひら、バターでこんがり焼くと、ぷくーっとふくれるさまの愛らしいこと。

丼にも挑んでみた。だし、醬油、みりん、酒を小鍋に温めて松山あげを景気よく入れて浸し、汁気を吸い込んだところに溶き卵を流し入れてふんわりとじる。やっぱり見覚えがあるよ。ええ、カツ丼です。白い飯の上にとろんとしなだれかかる松山あげの卵とじ、絶景かな。

はて、この特別なお揚げはなぜ松山で生まれたのだろう。

遅まきながら正気にもどって調べてみると、じつにおもしろい。ユニークなものの背景には、やっぱり物語がある。

松山あげは明治十五（一八八二）年、程野《ほどの》兵次郎《へいじろう》・サト夫婦がつくりはじめた。妻サトの実家は唐人町にあった川田商店で、自家製の干油揚げをおもに外地向けに卸していたと、程野商店のホームページに書いてある。川田商店は大正時代、松山で初めてフォード車を導入して貨物運送をはじめたというのだから、何につけ新しさに敏感で果敢な商売ぶりだったのだろう。そう考えれば、干した油揚げは発想の転換の産物に違いなく、地元ではこのアイディアに追随する者もあったらしい。

ホームページから、大正時代の足跡について引用してみよう。

程野夫妻は川田のあげを学んで、萱町（かやまち）、現在の岡田印刷本社ビルの地に製造と卸の店を構えました。

この頃、干油あげは郊外の農家でも製造されていて、数件あったらしいのですが、以後、製造元は増えていません。

これには、作り方の難しさも原因だったようです。

干油あげは、普通の豆腐とは製法が異なる豆腐を3㎜の厚さに切り、脱水し、あげて出来上がります。

一連の行程はかなりの熟練を要し、とりわけ、柔らかな豆腐を、包丁で数㎜の厚さに切るのは芸術技ともいえるほどでした。

当時を物語るモノクロの写真が掲載されている。大きな平台に寝かせた豆腐を、中華包丁のような幅広包丁を当てて薄切りにしているエプロン姿の女性。従業員たちが豆腐を薄く切ったり揚げたりしながら製造するうち、保存のきく常備品として軍隊用の物資に重用されるようになった。昭和二（一九二七）年、松山まで鉄道が開通すると、二代目経営者が伊予《いよ》の名産品として売るようになり、全国に広がってゆく。戦後の復興期には、持ち込まれた大豆で豆腐をつくって渡す「賃加工」（戦後、小麦粉と引き換えにパンを焼くなど、全国各地で賃加工のシステムがあった）からスタートしたのち、ふたたび揚げを手がけ、「松山あげ」を名乗るようになったのは昭和三十九（一九六四）年。以来、松山あげは全国に広まっていき、愛媛のソウルフードのひとつに育つ。令和二（二〇二〇）年、コロナ禍中に一六《いちろく》本舗が売り出した「愛媛の仕送りセット」には、手延べ五色そうめん、めんつゆ、ポンジュース、けずりかまぼこ、麦味噌、一六タルトほか一六本舗のお菓子とともに詰め合わせになっていたのも、松山あげ。

じつは、熊本にも似たものがある。熊本の名産品「南関《なんかん》あげ」は松山あげとおなじ製法なのだが、これは、江戸期に伊予松山からの移住者が伝えたといわれる。いまでは、南関あげ巻き寿司、南関煮しめ、南関あげと鶏肉の炊き込みごはん……くまモン自慢の熊本のソウルフードだ。熊本の友人は、「子どものころ、母がこしらえてくれた南関あげをくるっと巻いた生姜風味のお寿司が忘れられない。小さな俵のごはんに帯みたいに巻いた揚げ、なつかしいな」と目を細めて言い、でも「おとなになってから、自分では一度もつくっていない」。

さて、こうして私がああだこうだと勝手に騒いでいるわけだが、例のマーケットの棚では年中、松山あげの赤い袋が途切れることはない。毎日黙って、静かにそこにいる。私が二袋買っても、その翌日には新しいのがするりと補充されて並んでいる。つまり、売れているのである。着実に、堅実に。全国に散らばる松山あげの愛好者の仲間にくわわった心地がしてうれしく、ちいさな針の穴を抜け出た気持ち。

というわけで、私は何年にもわたって松山あげを切らしたことがない。Iさんのおかげである。

あと戻りできない

じめじめと湿ったまっ暗な道を歩いている。

へっぴり腰の四つん這い。

この暗がりに入りこむたび、ちょっと似ているなと思うのは、ひと晩じゅう雨が降りしきったあと、濡れ落ち葉が積もった林道を歩きながら土中へじわっと足裏が吸いこまれる気味の悪さ。あるいは、小雨の降るなか、傘も差さずに歩きまわって全身が湿った綿のように重だるい鬱陶《うっとう》しさ。

道を照らす灯《あか》りひとつないので、あのバンドが頭に巻きついていたらどんなに助かるだろうと思う。豆電球が一個、ゴムバンドにセットされたヘッドライトだ。あれを頭に装着するだけで、暗闇の世界は一変する。もちろん懐中電灯で照らしてもかまわないのだが、懐中電灯を持つと片手が塞《ふさ》がるわけで、そうすると手一本ぶんの自由は失われる。

初めて豆電球付きのヘッドライトを山小屋で使ったとき、いやというほど学習した。山行のリーダーの指示で、アウトドア用品店で買い求めたヘッドライトつきのバンドを鉢巻きのように頭にくっつけると、墨汁を流しこんだような真夜中でも外に薪を取りに行けるし、両手を使って汲み置きの水で洗いものもできる。暗闇を照らすのは懐中電灯が頼りだと思ってきたけれど、ヘッドライトを頭につけてスイッチを入れれば灯りが確保でき、両手が使える。この解放感はすばらしく、しかも、自分のおでこの中心に豆電球が位置しているから、頭の動きに合わせて見たい方向、行きたい方向が自動的に照らされる。とても単純なおもちゃじみた道具なのに、あらゆる条件を満たす……ヘッドライトは炭坑夫の命綱だ。

もしこの小さな道具を失えば、山では厄介なことになる、ナップザックにしまう場所を最重要ランクに格上げしなくちゃ、と気を引き締めたものだ。それに、ヘッドライトを装着したままシュラフに潜りこめば、文庫本を読んだりメモを書きつけたりすることができるのも初めて知る喜びだった。

湿った薄暗い道の話にもどろう。

そろそろと進みながら不安になるのは、連れがいないとか、道しるべが一本も立っていないとか、地図を持っていないとか、そういうことじゃない。ひとりで歩くのには慣れっこだし、やみくもに前進してもいずれ終着点に行き着くことはこれまでの経験からわかっているけれど、どうしても不安から逃れられないのは、つぎに足を踏み出した瞬間、罠に引っかかる可能性を捨てきれないからだ。

たしかな進捗感はある。でも、あらたな一歩が罠を踏まない保証はどこにもない。とはいえ、道なかばまでたどり着いた実感があるから、自分を励ますしか選択肢はない。

「あと戻りはできませんよ」

おどろおどろしい声が背後から飛んでくる。くぐもった声にぎょっとして周囲を見回すのだが、だれもいない。

「せっかくここまで粗相なくたどり着いたんだ。あなたはもっと評価されるべきです」

うれしくて半泣きになる。

そろりそろりと四つん這いで進むうち、最初のころより速度も精度も上がっている気がする。罠だらけ、穴だらけ、モグラたたき。たくさんの難所をやりすごしてきたのだもの、認めてもらいたい。

だめ押しのひと声が聞こえた。

「はじめてしまったのはあなたですから」

ぐうの音も出ない。

戦法を変え、自分で自分を褒《ほ》め、励ます。終着地点にたどり着いたら、どっと押し寄せる多幸感に浸かろうじゃないか。

空洞のような場所に出た。袋小路を抜け出た先に現れた小さな空間。鍾乳洞《しょうにゅうどう》だろうか。指の腹であたりをまさぐると、にゅるりと滑る。いまにも雨が降ってきそうだ。天井も壁もざらざら、大小の突起物がたくさんある。顔を近づけてまじまじ見ると、闇の底から浮かび上がってくる無数の人間の顔、動物の顔。しいんと広がる無の世界。

深呼吸をひとつ。どうやら鍾乳洞から抜け出たようだ。でも、ここで気を抜くと、怖ろしいことが待っている。前回は、終了直前に集中力が切れてずぼっと大穴にはまり、泣きをみたのだったよ。

ついに行き止まりが現れた。壁の向こう側、うっすらと透けて光る薄明を認めたら、もう進まなくていい。

最後に角張った場所をくいっと広げると、この事業は大団円を迎える。

以上、油揚げの内側に親指を差し入れ、そろそろと袋にするときの匍匐《ほふく》前進のもようである。

油揚げ365日

小さく刻む。ふっくら包む。

毎日の食卓から
ハレの日まで、
すべてを引き受ける。
安い。うまい。
文句のつけようがない。

とら飯（p91）

おいなりさん（p92）

短冊煮があれば！

ざくざく切って甘辛く煮ておく。
味が染みた油揚げは
最強の助っ人です。
日持ちするのもうれしくて、
頼りっぱなし。
なんとでもなる。
なんとでもしてくれる。

きつね弁当

短冊煮、みょうが、ゴーヤのそうめん

短冊煮
（p80）

白菜とお揚げのうどん

カレーうどん（p95）

赤い袋が目印。進化形「松山あげ」を攻略する。

カリカリなのに汁気を吸ったとたんとろーんと柔らかい。味噌汁、卵とじ、フレンチトーストふう……驚きの名品は、愛媛の松山育ち。

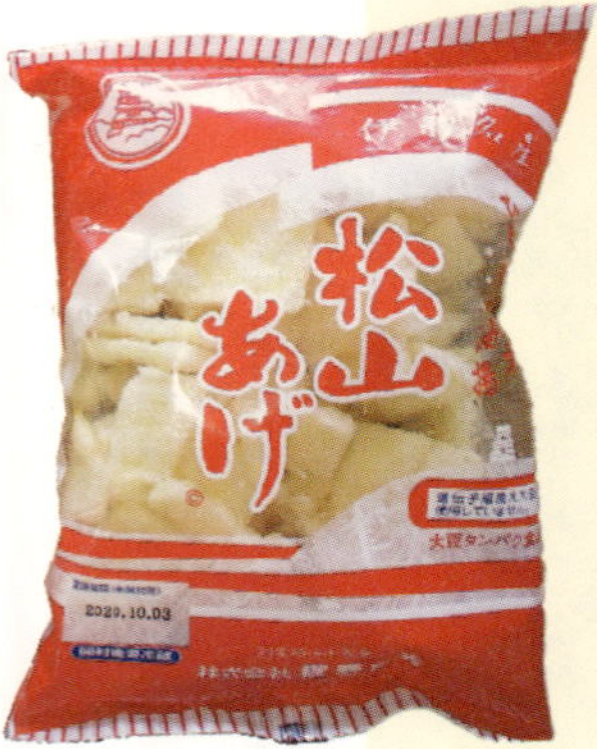

(p53)

松山あげの卵とじ丼 (p94)

松山あげとみょうがの汁

溶き卵に
浸す

松山あげのフレンチトーストふう（p88）

つくるたび
家族のような存在になってゆく。
毎日のおかずいろいろ。
おあげさん、ありがとう。

揚げとちくわの甘辛（p85）

にらと揚げの炒めもの

かぼちゃと揚げの煮もの

切り干し大根と
人参と揚げ煮

万願寺唐辛子、ピーマン、
お揚げのさっと煮（p81）

あぶたま（p80）

厚揚げと大根のカレー

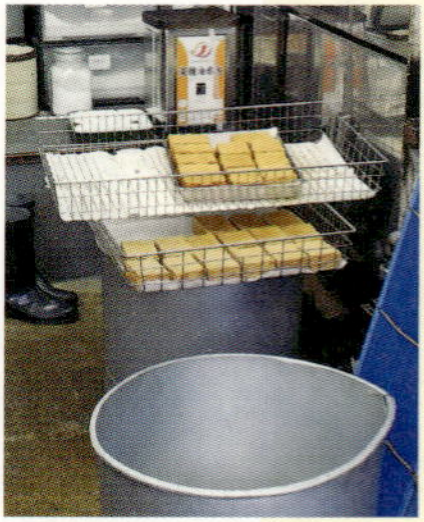

近所の「越後屋」さん

暮らしを支える近所の豆腐屋さん。
豆腐、煮大豆、ひじきの隣に
揚げたての油揚げ、厚揚げ、がんもどき。
今日もお世話になります。

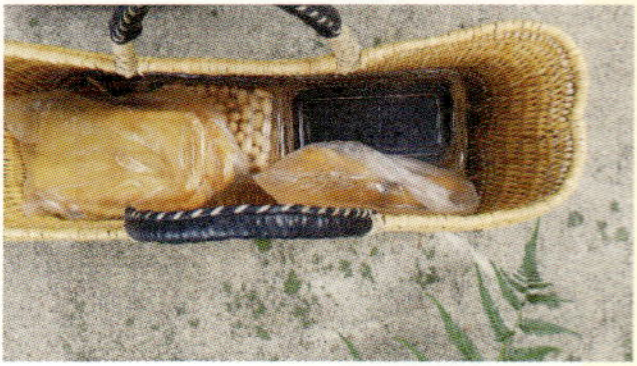

豆腐とひじき、煮大豆も買う

ひじきの煮もの

親戚和え（p89）

二枚あれば三合飲める。
酒の肴は、なにはなくとも油揚げ。
でも、手間はかけません。
焙る、焼く、五分もかからない。
でも、のんびり相手をしてくれる。

青菜を詰めて
焼いただけ
（p84）

両面焼いて切っただけ　七味添え

思いつきで遊んでみたのに、
いつのまにか定番になっていました。
ノー油揚げ、ノーライフ。

パスタ　油揚げときのこのクリームソース（p97）

うず巻き
（p78）

揚げハニー（p101）

おつまみ

味噌焼き

①油揚げの片面に好みの味噌を塗り、グリルで焙《あぶ》る。
②好みの大きさに切って皿に盛る。

油揚げさえあれば、と思うのはこんなとき。手近な味噌を塗って焙るだけで、シブい酒肴《しゅこう》になる。味噌にみりんを少し混ぜると、こくが増します。ざくっと短冊に切って、七味唐辛子をぱらり。ビール、日本酒、ワイン、どんなお酒にも合います。さらしねぎを添えると、さらにオツな一品に。

うず巻き

①厚めの油揚げを縦半分に切り、2本の長い短冊にする。
②片面に梅肉をまんべんなく塗り、油揚げと同じ大きさに切った海苔を貼りつける。
③端からくるくる強めに巻き、長い串に2個を刺す。
④網にのせて両面を焙る。焦げ目がついて全体がふっくらしたら、火から下ろす。

油揚げ1枚でうず巻きが2個できる。長い串に2個刺し、ひとり分とする。あらかじめ串をつくっておくと手間入らず、お客のあるときにも便利です。工作気分で楽しく、くるくる。

焙り揚げ　アンチョビソース

①アンチョビソースのつくり方▼缶詰の油を切ったアンチョビのフィレ1缶分、にんにく2片を細かく刻む。アンチョビとにんにく、オリーブオイル大さじ4くらいを小鍋

に入れ、弱火でふつふつ煮る。粗熱がとれたら保存容器に移し、保存する。
②油揚げを焙り、八等分に切る。
③アンチョビソースを少しずつのせる。

常備している自家製アンチョビソースを、ちょんとのせて。ビールのおつまみにも最高です。このソースは、トーストしたバゲットに塗ったり、ゆで卵にのせて前菜にしたり、肉のソテーの味つけにも使っています。

揚げスティック

①油揚げを4枚用意する。
②ボウルに豚ひき肉100グラム、包丁で叩いてなめらかにしたむき海老100グラム、ナムプラー大さじ1、酒大さじ½、砂糖小さじ1、おろしにんにく小さじ1、塩、こしょうを加えて練る。

③せん切りにした青じそを加えて混ぜる。
④油揚げに③のタネをしっかり塗りつけ、縦半分に切る。
⑤フライパンにオリーブオイルをひき、タネの面を押しつけながらこんがり焼く。
⑥裏面も焼きつける。
⑦食べやすい大きさに切る。

タイ料理に「カノムパン ナークン」という一品があります。通称・海老パン。むき海老のペーストをパンに塗って揚げたおつまみなのだが、ふと思いついて、油揚げでアレンジしてみたら、いい感じ。片側に塗りつけて焼いてもいいし、油揚げを縦半分に切って袋にし、なかにタネを詰めて焼くのもおもしろい。

煮る

あぶたま

①油揚げ2枚を半分に切って内側を開き、4枚の袋にする。
②卵を小さな容器に割り入れ、それぞれの袋1個に全卵1個をつるんと入れて爪楊枝で口をとじる。
③小鍋に②の4個を立てて入れ、醬油とみりん各大さじ1½、水1カップを入れる。
④鍋にふたをして、強めの中火で15分ほど煮る。
⑤爪楊枝を外し、縦半分に切る。

みんな大好き、いつでも食べたい永遠のおかず。「あぶ」は油揚げ、「たま」は卵。巾着玉子と呼んだりもするようですが、呪文みたいな「あぶたま」の響きが好きです。出来たての熱々もおいしいし、冷ますとお揚げと卵の一体感がでて、ひと味深みがでる。私の友人に、困ったときのおかずはこれと決めているひとがいるけれど、その気持ちよくわかる。

短冊煮

①油揚げ3枚を1センチ幅の短冊に切る。
②小鍋にだし1½カップ、醬油大さじ1、みりん、酒各大さじ½を入れて軽く煮たて、油揚げを入れる。
③ふたをして、中火で15分ほど煮る。
④ときどき菜箸で全体を押して均《なら》し、油揚げと煮汁をまんべんなく馴染ませる。

火から下ろしてそのまま冷ませば、冷蔵庫で2、3日もつ。もみ海苔をふって小鉢物にしたり、そうめんやうどんに添えたり、お弁当のおかず、小丼……役立つことこの上なし。頼もしい常備菜として活用しています。

あられ煮

①油揚げ3枚を2センチ角に切る。
②小鍋にだし1½カップ、醬油、みりん、酒各大さじ½を加えて軽く火を通し、油揚げを入れて中火で煮る。
③そのまま鍋ごと置いて粗熱を取り、汁気を含ませる。

短冊煮より少し薄味にして炊いています。酒肴にするときは、そのときの気分でもみ海苔、青のり、七味唐辛子などをかけたりもする。味噌汁に散らしたり、温かいごはんやうどんにのせたり、みょうが、きゅうり、しそといっしょに酢飯に混ぜ込めば簡単ちらし寿司になります。

万願寺唐辛子、ピーマン、お揚げのさっと煮

①万願寺唐辛子とピーマンは、そのまま手で軽く押し、割れ目をつくる。
②油揚げは八等分くらいにちぎる。
③鍋にごま油を垂らし、へたも種もつけたままの①を入れてこんがり焼きつける。
④水½カップ、醬油・酒各大さじ1、みりん½と②の油揚げを加え、鍋にふたをして強めの中火で煮る。

夏まっ盛り、つやつやの緑の唐辛子の仲間が出回ると、毎日のようにつくってどっさり食べます。万願寺唐辛子の代わりにししとうとピーマンを組み合わせることもあるし、ピーマンだけのこともあるのですが、二種類組み合わせるといっそうおいしい。包丁いらず、鍋ひとつ、調理時間5分もいらない。へたも種も全部食べ尽くすと、夏をまるごと腹に収めたような爽快な気分になります。万願寺唐辛子の季節が終わったら、次の夏までさようなら。

きつねうどんの反対

①油揚げ2枚を半分に切って袋にし、4個それぞれにゆでうどんを入れ、爪楊枝で口をとじる。
②鍋にだし3カップ、醬油小さじ2、酒小さじ1、みりん小さじ1を煮立て、うどん入りの油揚げを加えて煮る。
③塩で味を整え、三つ葉かねぎなどを散らし、七味唐辛子か粉山椒をふる。

うどんが少し余ったとき、油揚げのなかに入れて煮ることがあります。あれ、これは……と思ったら、きつねうどんの反対なのでした。そうめん、そばが余ったときも、ちょうど油揚げがあれば詰めて煮ておいたり。手袋がくるりと裏返ったような、愉快な気分になる小さな料理です。食べている途中、うどんは外に出てしまうのですが、苦笑いしながら面白がっています。

キャベツとお揚げの煮びたし

①油揚げ2枚を幅広の短冊切りにする。
②キャベツ¼個を食べやすい大きさにちぎる。
③鍋にキャベツ→油揚げ→キャベツの順番に重ねて入れる。
④だし1½カップ、醬油大さじ1、酒大さじ½、みりん大さじ1をかけ回し、塩少々を加える。
⑤鍋にふたをして、中火で煮る。

何度つくっても飽きない手軽なおかず。春キャベツが出回ると、かならずつくりたくなる一品で、キャベツの甘みが油揚げに染みて、しみじみやさしい。つくりたてはもちろん、冷めてもおいしい。七味唐辛子をふると、きゅっと味が締まります。

福袋あれこれ

ふっくら膨らんでいるきつね色の袋には、何が入っているのだろう。外から見えない・わからないぶん、想像力と期待感を煽る福袋は、ただそれだけでうれしくなる。つくり方は簡単。まず油揚げ1枚をまな板に置き、菜箸などを当てて押しながら転がす。次に、半分に切って、切り目からそろそろと指を入れて開き、袋状にします。

さあ、きつね色の袋のなかにいろんな福を詰めてみましょう。

ブルーチーズの福袋

粗くほぐしたブルーチーズを詰め、爪楊枝で口をとじたものをグリルかフライパンで両面をこんがり焼き、チーズが溶けたら火から下ろす。白ワインにぴったり。

納豆の福袋

おなじ大豆出身だから、油揚げと納豆は大のなかよし。納豆、刻みねぎ、白ごまを混ぜたものをスプーンですくい、袋のなかへ。フライパンにごま油を少ししたらし、両面をこんがり焼きます。辛子を添えて、醤油をたらり。ごはん泥棒です。

餅入り福袋

袋のなかへ餅を入れ、爪楊枝で口をとじる。意外においしいのが味噌汁バージョンで、小鍋にだしを沸かしたところへ餅入りの袋を入れ、餅がやわらかくなった頃合いに味噌を溶き入れる。いっしょに細かく刻んだにらや刻みねぎを入れることもあります。ふふふと笑いがこぼれるおいしさ。

肉じゃが福袋

ちょっと多めに作った肉じゃがが鍋のなかにある。でも、量がちょっと中途半端。そんなときは、迷わず袋のなかへ。肉のこま切れもへろへろの玉ねぎやじゃがいもも、油揚げが面倒みてくれる。中身にしっかり味がついているから、袋の口を爪楊子で留めて、フライパンで両面を焼くだけ。すき焼きの残りも、同じようにして福袋に仕立てます。

緑の福袋

にら、パセリ、セロリの葉、ピーマン、いんげんなど青いものなら何でもざくざく刻んでボウルに入れ、好みのチーズ、こしょうを加えて混ぜ合わせる。袋のなかへぎっしり詰め、爪楊枝で口をとじてから、フライパンにオリーブオイルを熱して両面を焼く。皿に2個を盛り、レモン汁を回しかけると、アラ不思議。ビールのつまみにもなるし、主菜にもなります。

炒める

揚げとちくわの甘辛

①油揚げ1枚を短冊切りにする。
②ちくわ3本を幅1センチくらいの斜め切りにする。
③フライパンで油揚げをこんがり焼き、いったん取り出す。
④同じフライパンにごま油をごく少し入れて熱し、ちくわをさっと炒める。
⑤醤油大さじ1、酒大さじ1、砂糖小さじ1を④に加えてからめ、最後に焼いた油揚げを戻す。
⑥うつわに盛って、青のりをかける。

ちくわでもいいし、かまぼこ、さつま揚げでもいい。ちくわやかまぼこって、少しだけ残ったりしますよね。そんなとき、いい相手になってくれるのが油揚げ。お弁当のおかずにも便利な小さなおかずです。

もやし、ベーコン、油揚げ

①ベーコン2枚、油揚げ1枚をもやしの幅に合わせて極細に切る。
②フライパンを熱し、油揚げを乾煎りしていったん取り出す。
③同じフライパンにごま油を熱し、ベーコンを炒めたあと、もやしを入れて強火で炒める。
④油揚げを加え、塩、こしょう、酒を小さじ1ほどふりかけてひと混ぜする。

なんでもないのに、癖になるのはもやしの威力でしょうか。しゃきしゃきのもやしにベーコンと油揚げがさりげなく寄り添い、うまみを出します。油揚げをあとで加えるのは、油揚げの存在感を大事にしたいから。極細に切るので、もやしと同じタイミングで炒めると、へろへろのぼそぼそになってしまうんです。小さなことだけれど、意外に時間差は大事。もやしは、余裕があるときはひげ根を取ってご馳走に仕上げるのですが、いやいやそこまでやってられないよ、な状況（朝食のおかずとか）のときは、もちろんそのままちゃちゃっと炒める。

白菜と揚げの甘酢炒め

①白菜1/4個を食べやすい大きさに切る。
②油揚げ2枚を幅広の短冊に切る。
③フライパンにごま油大さじ1を加えて熱し、白菜を加えて炒める。
④しんなりしたら、油揚げを加える。
⑤④に醤油大さじ1、酢大さじ2、酒大さじ1、砂糖大さじ2/3、タカノツメ1本を加え

て全体を混ぜ合わせ、炒める。
⑥味が馴染んだら、塩で味をととのえ、水溶き片栗粉を加えてとろりととじる。

中国の東北地方料理、白菜の黒酢炒めに油揚げを加えた一品です。黒酢を使う場合は、醤油と酢を省けばOK。10分もあれば簡単にできる料理ですが、白菜の切り方にポイントがあります。包丁は直角に下ろさず、角度をつけて断面を大きく斜めに切る。こうすると、断面積が大きくなってしゃきっと仕上がり、しかも味が染みこみやすくなります。白菜と甘酢のうまみを吸い込む油揚げのおいしさも言うことなし。いくらでも白菜が食べられる!

焼く

クレソンとお揚げのサラダ

①油揚げを細切りにする。
②フライパンで乾煎りし、かりかりにする。
③皿に食べやすい長さに切ったクレソンを盛り、油揚げを盛る。
④食べる前にオリーブオイルとレモン汁を回しかけ、削ったパルミジャーノチーズをたっぷりふる。

クレソンと油揚げはとてもいい相性です。クレソンのほろ苦さ、油揚げの深いこくは絶妙のコンビネーション。乾煎りした油揚げをクルトンと考えてみると、おいしさの想像がつくでしょう?　さっぱりと仕上げたいときは、クレソンをレタスに替えてみてください。

松山あげのフレンチトーストふう

①ボウルに卵2個、牛乳½カップ、削ったチーズ大さじ2、パセリのみじん切り大さじ2、塩少々を入れてよく混ぜる。
②松山あげ（きざみ）½袋を入れ、卵液を染みこませる。
③フライパンを熱し、オリーブオイルかバターを入れ、それぞれ両面を焼く。
④皿に盛って黒こしょうをふる。

車麩のフレンチトーストをときどきつくるので、松山あげでもおいしいだろうと思って試したら、ふわふわのやさしい食べ心地がすてきでした。焼いているとき、1枚ずつ表裏を返していると、いたいけな赤ちゃんみたいで、こちらもやさしい気持ちになります。山椒をのせることも。

ハムと油揚げの重ね焼き

①薄めの油揚げ1枚の上にハム2枚か3枚、チーズ（モッツァレラやパルミジャーノなど塩気があり、溶けやすいもの）をたっぷりかけ、さらに油揚げをのせる。
②両端を爪楊枝で留める。
③中火に熱したフライパンにのせ、ときどき上から押しつけながら両面をこんがり焼く。
④半分に切り、爪楊枝を外して皿に盛り、粗挽きこしょうをかける。

ハムをがっちり受けとめる油揚げのエネルギーには脱帽します。ハムすてき、油揚げもすてき。ボリューム感と食べごたえ、両方がぐんと上がって満足感も申し分ない。お揚げの噛みごたえも、ハムに寄り添い、盛り立てます。

油揚げステーキ　パセリソース

①パセリ5〜6本を粗めに刻む。
②油揚げ2枚をフライパンで焼き、食べやすい大きさに切る。
③片面にマスタードを塗り、皿に重ねて盛る。
④おなじフライパンに刻んだパセリを入れ、強火で炒め、塩をふる。
⑤油揚げにパセリのソースをのせる。

パセリを道連れ、いや盛り立て役にして油揚げを味わおうという趣向です。マスタードを塗った油揚げに熱いパセリのソースをたっぷりのせて、ぱくり。新発見のおいしさです。

和える

親戚和え

①木綿豆腐半丁を水切りする。
②ボウルに①の木綿豆腐を入れ、ごまペースト大さじ1½、みりん小さじ1、塩少々を加える。
③へらや泡立て器などでよく混ぜ、なめらかな衣にする。
④油揚げを細切りにし、熱湯でゆでて油抜きしてから粗熱を取り、軽く水気を絞る。
⑤③の衣に油揚げを加え、よく混ぜて馴染ませる。

ひなびた味わいというのでしょうか。精進料理にもありそうな一品ですが、とても好きです。豆腐と油揚げは身内同士なので、勝手に親戚和えと呼んでいますが、こんにゃくを少し入れたり、ゆでて輪切りにしたいんげんを加えたり、豆腐と油揚げの度量に頼ってボリューム感のある白和えを楽しんでいます。

つるむらさき、海苔、油揚げの和えもの

①つるむらさきを食べやすい長さに切り、ゆでる。
②油揚げ½枚を短冊切りにして、両面をフライパンで焼く。
③軽く水気を切ったつるむらさきに、塩とごま油少々を加えて和える。
④油揚げ、ちぎった海苔を加え、さっくりと混ぜる。

つるむらさきのような持ち味の強い青菜と油揚げは、間違いのない組み合わせ。油揚げのこくが加わるので、塩とごま油だけのあっさりとした味つけのほうがお互いが生きるように思います。もちろん、春菊、三つ葉、ほうれんそう、小松菜、風味のしっかりした葉物ならなんでも合います。

セロリと油揚げのごま酢和え

①油揚げ1枚を開き、スプーンなどで内側の白い部分を削ぎ取る。
②残った外側の部分を熱湯でゆで、粗熱が取れたら軽く水気を絞り、細切りにする。
③小鍋に酢⅓カップ、砂糖大さじ1、塩少々を入れ、火を通して冷ます。
④セロリ1本の筋を取り、茎を薄切りにする。
⑤ボウルに、すべての材料と白すりごまを入れ、混ぜる。

「浜子さん」(P132)で書いたように、辰巳浜子さんは油揚げの内側の白い部分を「お豆腐」と

呼んでいます。ほわほわのやわらかなものが入ることで、とてもやさしい味の一品に。香ばしい油揚げの外側、しゃきしゃきのセロリ、両方を「お豆腐」がうまく結び合わせてくれます。

ごはん、パスタ

小ぎつね飯

①油揚げをフライパンで両面こんがり焼く。
②八〜十等分くらいの色紙切りにする。
③たっぷりのおろし生姜、醬油をまぶす。
④茶碗にごはんをよそい、③の油揚げをのせて海苔をかける。

ごはんに小さなきつねをちょんちょんと混ぜたり、のせたり。食事の締めにうれしい小さな丼が出来上がります。ごはんのなかに小ぎつねを入れて軽く握り、海苔1枚でまわりを黒々とくるんで、爆弾おにぎりにもどうぞ。

とら飯

①油揚げをフライパンでこんがり焼く。

②2㎝角に切る。
③おろし生姜、醤油をまぶす。
④ごはんに③の油揚げを加え、さっくり混ぜる。
⑤茶碗によそい、七味唐辛子をふる。

きつねが化けて、とら。生姜と醤油をまぶした油揚げをさっくりごはんに混ぜると、まだらな茶色のとら飯。ごはんに味がついていたり、白いままだったり、ひと口ずつ違う味の変化が楽しめる。七味唐辛子の代わりに、ガリッと黒こしょうを挽くこともあります。

おいなりさん

①半分に切って袋にした油揚げ8個（4枚分）をたっぷりの湯でゆで、油抜きをする。
②鍋から油揚げを引き上げてゆで汁を絞り、湯をあけた鍋にだし1カップを加え、しばらく煮る。
③②に砂糖大さじ2を入れて10分ほど煮てから、さらに醤油大さじ1、酒大さじ½を加えて煮る。
④そのまま油揚げを冷まし、軽く押して汁気を取る。
⑤寿司飯を入れ、口をとじて形をととのえる。

みんな大好き、いなり寿司。おいなりさんにはそれぞれの好みがあると思います。これは、こっくりと甘じょっぱいバージョンですが、醤油っ気をあまり感じない、だしの風味が勝った味です。油揚げの味の濃い薄いはかなり違っても、自分なりの味になるところがおいなりさんのすばらしさ。気張らず、手軽にぱっとつくれるようになったら、うれしいですよね。あれこれ試してみた結果、だし、砂糖、醤油を時間差で加えて煮てみたら、油揚げの風味がしっかり立つことを知りました。寿司飯には、炊きたてのごはんに酢、砂糖、塩を合わせて混ぜますが、具はお好みで。私は、ごまだけのシンプルなものが好みですが、好みというより、手軽さのほうが勝っているかもしれません。冬場は、柚子の皮のせん切りを入れたりもします。

油揚げの卵とじ丼

①油揚げ2枚を太めの短冊切りにする。
②万能ねぎ5〜6本、ざく切りにする。
③小鍋にだし1カップ、醤油大さじ½、酒、みりん各小さじ2を入れて火にかけ、①の油揚げを煮る。
④万能ねぎを加え、火から下ろす直前に溶き卵を2個分回し入れる。
⑤丼にごはんを盛り、卵とじをふんわりかける。

京都で「衣笠《きぬがさ》丼」「信太《しのだ》丼」と呼ばれる丼もの。明治時代に考案されたと聞いたことがあり、お揚げと京暮らしの親密な関係がうかがえます。京都なら、青ねぎはやっぱり九条《くじょう》ねぎに限るのかもしれないけれど、万能ねぎ、小ねぎ、手近なねぎで自在に応用しています。

きつね丼

①小鍋にだし1カップ、醤油大さじ1½、酒大さじ1、みりん大さじ½、砂糖小さじ1を入れ、火にかける。
②いったん沸騰したら、薄切りにした玉ねぎ½個分、1センチ幅に切った油揚げ1枚分を加え、中火で煮る。
③全体に味が染みたら、溶き卵2個分を回し入れる。
④丼にごはんを盛り、③をかけて七味唐辛子か粉山椒をふる。

きつね丼と名前をつけながら、こころのなかで「油揚げのカツ丼」と呼んでいます。甘じょっぱい汁を含んでじゅわーっとやわらかな油揚げが卵といっしょにごはんにのっかると、もうそれだけで幸せな気持ちに。カツ丼が食べたいと思ったら、これをつくってカツ丼の欲望をなだめたりもする、いろんな意味で魅惑の丼。

松山あげの炊き込みごはん

目の前にある材料で手軽にぱっと炊き込みごはんをつくりたいとき、松山あげは最高の仕事をしてくれる。米の上にただのせるだけで、油揚げの炊き込みごはん。菜種油で揚げてあるから、炊くだけでこくが出ます。どんな素材とも相性がいいところもすばらしい。生姜飯、きのこ飯、たこ飯、牡蠣飯……ざざざーっと松山あげ（きざみ）を米の上に入れ、ふたをして具材といっしょに炊けば完了です。

松山あげの卵とじ丼

①小鍋にだし1½カップ、醬油・みりん各大さじ2、酒小さじ1を入れていったん煮立たせる。

②玉ねぎ半個をせん切り、または長ねぎ½本分を斜め切りにして①に加え、煮る。

③松山あげ3枚（大判）をざっくり割って入れ、鍋のなかが馴染んだら溶き卵2個分を流し入れてひと混ぜし、ふたをする。

④丼に盛ったごはんにのせる。好みで粉山椒か七味唐辛子をかける。

「肉の代わり」という言葉をあっさり吹き飛ばす、がっつりとした風味の小どんぶり。とろんとやわらかくごはんにしなだれかかる食べ心地は、松山あげだけ。京都にはお揚げと青ねぎを炊いて卵でとじた木の葉丼がありますね。私も大好きでよくつくるのですが、あれはあれ、これはこれ。べつのジャンルの味わいです。

油揚げのカレーライス、カレーうどん

①玉ねぎ半個を薄切りにする。
②油揚げ2枚を1センチ幅に切る。
③鍋にサラダ油を入れ、玉ねぎとプチトマト5個を加えて炒める（プチトマトは、炒めながら崩す）。
④③にカレー粉大さじ1を入れて全体を馴染ませながら炒め、油揚げを加える。
⑤④に醤油大さじ½、みりん小さじ1、だし（または水）⅔カップを入れて5分ほど煮て、塩、こしょうで味をととのえる。

土曜の昼に簡単なごはんをつくろうと台所に立ったとき、はたと思いついた――ときどきつくる豚肉と玉ねぎの簡単カレー、油揚げでつくってみたらどうだろう⁉　その場ですぐ試してみたら、大正解。以来ずっとつくり続けている愛すべき油揚げカレーです。カレーうどんにする日もあります。こくをプラスしたいときは、プチトマトを多めに加えたり。カレー粉はS&Bの赤缶。こしょうは多め、ガリガリ挽いてかけてパンチを出します。

生姜ごはん

①油揚げ1枚をごく細いせん切りにする。
②新生姜のみじん切りを、米1合に対して大さじ2くらい用意する。
③鍋に米、新生姜、油揚げを加え、酒・みりん各小さじ1、塩少々、分量の水を加えて炊く。

新生姜が出回ると、これをつくらないと季節が前に進まない気分になります。新生姜のさわやかな辛みがすーっと鼻に抜ける爽快な風味。あえて醤油やだしを使わず、新生姜のフレッシュな風味を生かすようにしています。

かやく飯

①油揚げ1枚を細いせん切りにする。
②にんじん1本をせん切り、しいたけ3枚を薄切り、ごぼう½本はささがきにして水にさらす。
③こんにゃく半枚を細切りにし、いったんゆでて冷ましておく。
④鍋に米2合、すべての材料、醤油大さじ⅔、酒小さじ1、みりん小さじ2、塩少々を加え、米と同量の水を注ぎ、炊く。

子どものころ、母がよくつくってくれました。具材はにんじん、ごぼう、しいたけ、こんにゃく、油揚げ。たまに鶏ひき肉が入っていることもありましたが、野菜のうまみだけで十分おいしく、いつも一膳では終わらなくてお代わりしていたこともなつかしい記憶です。うまみを吸い込んだ油揚げが影の主役。

みょうが飯

①油揚げ1枚を細いせん切りにする。
②鍋に米2合、油揚げ、酒・みりん各小さじ1、塩少々、分量の水を加えて炊く。
③みょうが4～5本、しそ5枚をせん切りにする。
④炊き上がって蒸らしたあと、みょうが、しそを入れてさっくり混ぜる。
⑤椀によそって白ごまをふる。

しゃきしゃきの歯ごたえのみょうがとやわらかな油揚げがいいコンビ。米を炊くのといっしょに

2025年
3月の新刊

文春文庫

文春文庫 3月の新刊

警視庁捜査一課に復帰した岩倉の活躍

英雄の悲鳴

ラストライン7

堂場瞬一

946円
792339-6

直木賞候補作、女性創作者の情熱
私たちは映画に魔法をかける

スタッフロール

深緑野分

2円
840-2

あの女探偵・葉村晶が帰ってきた！

まぐさ桶の犬

若竹七海

1100円
792341-9

SLが乗客ごと消えた！ 西村京太郎の絶筆

SLやまぐち号殺人事件

十津川警部シリーズ

西村京太郎

803円
792343-3

直木賞候補作！ 私たちはひとりじゃない

新しい星

彩瀬まる

847円
792342-6

油揚げを煮て、あとで切りたてのみょうがやしそを混ぜ込む時間差がフレッシュな風味を生みます。食欲が落ち気味のときにもすすめたい、初夏の香味ごはんです。

パスタ　油揚げときのこのクリームソース

①油揚げ1枚を細切りにし、フライパンで表と裏を焼く。

②フライパンにオリーブオイル、きのこ（椎茸、しめじ、えのき茸、マッシュルームなどなんでも）を2、3種類、みじん切りにしたにんにくを入れて炒め、あれば白ワインを少しかけて風味を足す。

③②に生クリーム1カップ、刻んだチーズ（パルミジャーノなど好みのもの）大さじ3を入れ、塩、こしょうで味をととのえ、ゆでたてのパスタを加えて和える。

油揚げ、きのこ、生クリーム、パスタ。思いついたときは、私も最初は「大丈夫かな、合うかなあ」と思ったんです。でも、どこかに確信も――油揚げはきっとやってくれるはず。そうしたら、やっぱり！　油揚げがきのこのうまみをほどよく吸いこんで味わい深く、生クリームとの相性も驚くほどよかった。なんだかあとを引くおいしさです。スパゲティならリングイネ、フィットチーネ、ショートパスタならペンネが合うと思います。

汁もの、鍋もの

酸っぱいきのこスープ

①しいたけ、えのき茸、しめじ、なめこ、舞茸など、好みのきのこをたっぷり数種類用意し、それぞれ薄切り、ざく切り、小房に分けるなど、食べやすくする。
②鍋にきのこ全部、叩いたにんにく1片、赤唐辛子1本を入れ、かぶるくらいの水を注いで火にかける。
③沸騰したら、醤油少しだけ、風味づけの酒、酢（思い切って多め）、1センチ幅に切った油揚げ1枚分を加え、中火で煮る。最後に塩、こしょうで味をととのえる。

きのこのうまみと香りを味わう酸っぱいスープ。酸味を効かせた軽い食べ心地なので、鍋にたくさんつくり、温め直して朝晩続けて食べてデトックス。きのこだけでもいいけれど、油揚げを入れるとタンパク質が補えるので、一石二鳥。私の大好物です。

みぞれ汁

①油揚げ1枚を大きめの短冊に切る。
②鍋にだし2½カップを煮立て、醤油小さじ2、みりん・酒各小さじ1を加える。
③大根おろし約1カップ、油揚げを加えてさっと煮て、塩で味をととのえる。

大根の味が深まる冬場によくつくります。大根おろしを煮ると甘さが増すので、薄味に仕上げるほうがまとまりのいい味になると思います。椀に盛ってそのままでもいいし、七味唐辛子をふるときもある。だしは、いりこ、かつおだし、昆布だし、そのときどきのお好みで。

巣ごもり卵のおつゆ

①油揚げ2枚をそれぞれ六等分に切る。
②長ねぎ1本をざく切りにする。
③小鍋にだし2½カップ、醬油小さじ2、酒・みりん各小さじ1を加え、油揚げと長ねぎを煮る。
④卵を2個割り入れて好みのかたさに煮て、塩で味をととのえる。

少しボリュームのある汁ものが欲しいとき、よくつくります。油揚げ、長ねぎ、卵、この3つさえあれば困らない。忙しいとき、やる気がないときも頼りがち。ときには、ゆでたそうめんを入れて一杯の麵にアレンジしたり、寒くなってくると出番が多くなります。

はりはり鍋ふう

①油揚げ3〜4枚を幅広の短冊切りにし、さっと焼くか、焙っておく。
②水菜をざく切りにする。
③鍋にかつおだし、醬油、酒、みりんを適宜入れて煮立たせ、油揚げを加えて軽く煮る。
④食べる直前に水菜を入れ、さっと火を通して椀に取る。
⑤好みで七味唐辛子、黒七味などをふってもおいしい。

水菜と鯨の鍋を、大阪でははりはり鍋と呼びます。水菜のしゃきしゃきした歯ごたえを「はりはり」という擬音で表しているのだとか。鯨があればもっといいのですが、油揚げが十分主役を張ってくれるところはさすが。最後に焼き餅を入れて締めくくります。

おやつ

油揚げバーガー

①油揚げ1枚を軽く焙るか、フライパンで両面焼く。
②片面にクリームチーズをたっぷり塗り、黒こしょうをかける。
③ソーセージ、パセリ、トマトの薄切りなど、あり合わせの材料をのせて半分に折る。

買い置きの油揚げはあるけれど、パンがない、でもトーストサンドでお昼を軽くすませたい——そんなときにつくる超お手軽な一食。半分にたたんで紙ナプキンで包み、ハンバーガーみたいに手づかみでがぶり。揚げパンみたいなラフな感覚です。

お揚げのフレンチトースト

①厚めの油揚げ2枚ほど、半分の長さに切る。
②卵1個、牛乳1カップ、砂糖大さじ1を混ぜる。
③卵液に油揚げを浸す。
④フライパンにバターを溶かし、フレンチトーストと同じ要領で両面を焼く。
⑤皿にのせ、蜂蜜をたっぷりかける。

遊び半分でつくってみたら、なかなかどうして。油揚げのポテンシャルを感じて、油揚げに脱帽です。砂糖や蜂蜜をたっぷり使って、思い切って甘く仕上げたほうが、いい感じに針が振り切れるようです。水切りヨーグルトやアイスクリームを添えてみたこともあるのですが、まるで違和感がありません。

ブルーチーズといちじくの揚げデザート

①半分に切った油揚げをフライパンで両面こんがり焼いて冷ます。
②ブルーチーズをたっぷり塗り、ひとり分三切れを皿に重ねる。
③いちじくを添え、蜂蜜をかける。

いったん焼いて冷ました油揚げは、油気と水分がほどよく抜け、パイ生地のような風味になります。さらにブルーチーズといちじくという懐の深い素材を合わせると、あっと驚く変化が。油揚げという先入観を捨てると、洒落たデザート方向へ広がってゆくのですが、ナイフとフォークで食べていると、油揚げのちょっと恥ずかしそうな顔がちらり。

揚げハニー

①厚めの油揚げを大きめの四角に切る。
②フライパンを熱し、四方をかりっと焼いてから、キッチンペーパーなどで油気を取っておく。
③冷ました油揚げ、バニラアイスクリーム、ミントを皿に盛り、油揚げにたっぷり蜂蜜をかける。

栃尾の油揚げの端っこのかさっとしている部分は、シュー生地のような風味です。サイコロに切ってフライパンでこんがり焼いていると、しだいにお菓子の表情になってゆくのが不思議です。ケーキの生地としても使えるのではないでしょうか。フルーツを添えても、なんの違和感もない。

ジンバリ

内田百閒《うちだひゃっけん》は、夕餉《ゆうげ》のお膳に並べる料理をあらかじめ自分でメモに書き記した。ザラ紙に鉛筆で縦書き。右から「1」「2」「3」と数字が打ってあるのは、順番の指定である（「1」はたいてい刺身だった）。そのペラ一枚をこひ夫人に手渡し、夫人の妹のち江が必要な食材を買い集める役目に就くようになり、女ふたりが支度《したく》に取りかかった。その日の酒をおいしく飲むために、自分で指定してあつらえた「御馳走《ごちそう》」のかずかず。お膳の用意がととのったところで、一品ずつ声に出して料理を読み上げるのがならいである。いたって大真面目、満足げな仕儀《しぎ》がそこはかとなく可笑《おか》しい。

百閒先生のお膳のはじまりを、しばしばお膳の相伴をつとめた平山三郎が描写している。平山三郎は終戦の七日めから百閒が書きはじめた『百鬼園《ひゃっきえん》戦後日記』にもしょっちゅう登場する人物で、「阿房列車」の旅のすべてに同行、戦中戦後の内田百閒にとってなくてはならない存在だった。

その日その日のお膳の御馳走品目は克明にメモに誌してあった。卓上にならんだその一つ一つを点呼するように確認し、私にも読んで聞かせ、納得してから盃をとり上げる。（『御馳走帖』解説　平山三郎　中公文庫）

点呼という言葉がまた愉快だ。百閒先生に名前を読み上げられた「やきぶた」や「赤茄子《あかなす》」や「くさや」が、読み上げられるたび、やきぶたや赤茄子やくさやが背筋を伸ばしてお膳の上で姿勢を正す様子を妄想して小さな笑いを誘われるのだが、と同時に、粛々とした空気も伝わってくる。定刻午後五時、開宴。待ちに待った日に一度だけのお膳なのだから、もはや祝祭。相伴にあずかる者は、この点呼の儀式を通過しなければ「御馳走」には箸がつけられないので、いちおう取り澄ました顔で拝聴する。

百閒先生が好んでお膳に上げた食べ物のひとつに油揚げがあった。たまにお膳に並んだら大歓迎、というのではなく、みずから「要求」してお膳に上げた。

百閒先生と油揚げとの間柄は長く、深い。そもそも油揚げの虜になったのは岡山にいた幼少期だったのだから、アディクトぶりには年季が入っている。『御馳走帖』にずばり「油揚」と題した一編があるのだが、これを読むと、造り酒屋の栄造ぼっちゃんと油揚げの出会いは完璧なほど美しい。

ある日の夕方、その子を誘ひに行くと、御飯を食つてゐるので、外に待つてゐた。辺りに何とも云はれない、うまさうなにほひがした。

「かかん、これん、一番うまいなう」とその子が云つた。

何だらうと思つて、外からお膳の上を覗いて見ると、油揚の焼いたのを食つてゐた。

それなり家へ馳け戻つて、私も油揚を焼いて貰つて晩飯を食べた。

じゆん、じゆん、じゆんと焼けて、まだ煙の出てゐるのをお皿に移して、すぐに醬油をかけると、ばりばりと跳ねる。その味を、名前も顔も忘れた友達に教はつて、今でも私の御馳走の一つである。


乳母日傘《おんばひがさ》でわがままいっぱいに育った栄造少年が、「かかん、これん、一番うまいなう」と母親に甘える友だちがうらやましくて辛抱できず、息を切らして家へ駆け戻り、いますぐ油揚げを焼いて食べたい、早く焼いておくれよう、ばあやにだだをこねる姿が目に浮かぶ。地団駄を踏んだかもしれない。名もない食べ物との縁の、人生最初のとっかかり。このとき自分の鼻をくすぐった「うまさうなにほひ」が一生におよぶ油揚げとの付きあいの幕開けだなんて思いもかけていないから、「じゆん、じゆん、じゆん」「ばりばり」がいっそうの透明感を燦《きら》めかせて胸を打つ。

ところが、「じゅん、じゅん、じゅん」「ばりばり」は、あとになって予想外の発展をみせる。

平山三郎は、こんがり焼いたところへ醬油を垂らす油揚げを百閒先生は「ジンバリ」と呼んでいたと書いている（『御馳走帖』解説）のだが、この奇妙な名前「ジンバリ」の由来は「じゅん、じゅん、じゅん」「ばりばり」ではないかと気づくとき、なにかこう、百閒先生の純な気持ちに触れたように思われるのだ。最初のころは縮めて「じゅんばり」と呼んでいたけれど、そのうち面倒になってきて縮め、言いやすい「ジンバリ」に落ち着いたんじゃないかしら。

威勢のいい、ちょっと下世話でお祭りじみた「ジンバリ」の響き。真似して呼んでみたい気がしないでもないけれど、やっぱりそれは違う、と思い直す。百閒先生の幼児期の記憶に、勝手に足を踏み入れるような気分に襲われ、「ジンバリ」はあくまでも『御馳走帖』のなかの食べ物としてそっと飾っておきたくなる。

大学入学のため上京して夏目漱石の門下生になり、ドイツ語教師を経て作家として身を立て、昭和二十（一九四五）年五月二十五日の空襲で土手五番町の家を焼け出されて三年住まうことになった三畳敷の「掘立小屋」時代の日々も、「ジンバリ」の四文字にはぎゅうっと詰まっているはずだ。そもそも気に入った食べ物に入れあげる性分だったから、某店の鰻《うなぎ》がうまいとなると、一ヵ月に二十八日も連続して取り寄せて食べたこともあるくらいだった。鰻にどっぷり耽溺した歌人、斎藤茂吉も顔負けである。訪ねてきた友人にも油揚げを焼いて供すると、うまい、うまい、と相好を崩して喜ぶ様子にうれしくなり、すっかり悦に入って「ジンバリ」を供していた。

ところが、である。

「油揚」はこんな顚末で締めくくられる。

その友人が、外の私の友達に、「砂利場の大将は、あの時分は、何を御馳走しろと云つても駄目だから、揚げがうまい、うまいと云つておいたら、いつまでたつても、人の顔さへ見れば、油揚を焼くので弱つちまふ」と云つたさうである。

（『御馳走帖』）

なんて悲しい話だろう。睫毛《まつげ》が濡れてしまう。

それというのも、内田百閒には「砂利場の大将」と揶揄された不遇の時代があったからだ。金に困って借金に借金を重ね、あげく給与が差し押さえられるはめになり、借金問題が原因となって陸軍教授を辞任。作家として出発してみたものの、当初はとくに注目もされず、大正十一（一九二二）年に刊行された『冥途《めいど》』の世評もふるわなかった。

そのうえ、翌年九月一日に起きた関東大震災によって『冥途』の印刷版が一切合財焼失、踏んだり蹴ったり。四面楚歌の身の上となった大正十四（一九二五）年、三十六歳のとき、とうとう家庭生活を放棄した。都電早稲田終点近く、砂利場の奥のどぶ川のほとりに下宿を借りて身を潜め、独居生活に入る。

じつは、家を出て独居しはじめたのは、妻の清子夫人とうまくいかなくなったからだ。恋い焦がれて求愛した清子は、銀行家のひとり娘。ずぶずぶと借金にまみれて破滅してゆく夫とうまくいかなくなるのは、当然のなりゆきだったかもしれない。内田百閒の戦前戦後の膨大な日記を読み解いた評伝『百閒、まだ死なざるや』（山本一生著　中央公論新社）のなかで、著者はこんな日記の箇所を拾い上げる。

夫婦の不和を吐露した文章はきわめて珍しい。

「夕飯の時、町子の云ふ事が気に入らないで不意に腹をたて、食卓をひつくり返してしまつた。今迄そんな事をした事なし。永い間の心労の為に気がすさんで来たのか、あついので頭が変になつてゐるのか、数日来小説を考へつめてゐるので常軌を逸せるか。その後頭が乱れて不安この上なし」（大正十一年八月六日）

夫婦関係は破綻していたが、籍を抜いて清子と離婚しなかったのは五人目の三女が幼かったからだ。和解を取り持とうとする者もいたようだが、断固として家に戻らなかったという。

勤め先の法政大学からも姿を消し、世間に背を向けたまま四年におよぶ独居生活を送る「砂利場の大将」だったが、そのただなかの昭和二（一九二七）年夏、百閒の作品をいちはやく評価した数少ない理解者、芥川龍之介の自死の報を受け取っている。その二日前にも芥川に会っているのだから、衝撃はいかばかりだったろう。土中から虫が這い出すようにそろりと早稲田を出るのは二年後の昭和四（一九二九）年、四十歳のとき。小石川に家族を残したまま、牛込区市ヶ谷の佐藤こひの宅に移る。ようやく作家としての暮らしぶりが落ち着きはじめたのは、『百鬼園随筆』が大評判をとった昭和八（一九三三）年あたりからだった。

ザラ紙に鉛筆で綴《つづ》った「御馳走」のメモは、百閒の「心の中の神秘」（『百鬼園日記帖』）が行間から滲みでてくるかのようだ。くわえて、鉛筆を舐め舐め、妄想まじりに綴った白昼夢としての「御馳走」をひたすら現実のものに変えてお膳にのせ続けたこひ夫人にも、一種の狂気じみたものを感じてしまう。『百鬼園戦後日記』を開くと、こひ夫人は酒の手配から銀行通いまで、それこそ百閒先生の手となり足となって走りまわり、献身を尽くす。ふたりのあいだを行き交っていた情がどんなものだったのか、知りたいような、知りたくないような。

戦後、焼け出されて住んだ「掘立小屋」で、炭火を熾《おこ》して油揚げを香ばしく「じゆん、じゅん、じゅん」と焼き、皿に移して醤油をちゅっとかけると「ばりばり」と跳ねるのを待ちきれず箸でつまむ。追いかけて、酒。

内田百閒のかたわらにいた油揚げなら、きっとなにかを知っている。

オ数ノ名前ヲ知レルハ貧乏人也
オイシイ物シカタベヌハ外道也
オイシクナイ物ヲ好ムハナホ外道也（昭和二十一年版『御馳走帖』）

似合うひと

とっておきの話を、まず書きたい。その話を聞いてからずっと、まっ赤な幅広のリボンが十文字に掛かった贈りものを手渡された気持ちでいる。

薬剤師の免許をもつ友人のSさんは薬学の知識にくわしく、そのかたわら立ち食いそばについて数冊の著作がある同世代の男性だ。交流がはじまったのは、一大労作というべき彼の著作について私が新聞の書評欄に書き、そのあとていねいなお礼の手紙をもらったことがきっかけだった。一冊の本をつうじてこんなふうに親身な付き合いが深まることがあるんだなとうれしく思いながら、ときどきいっしょに一献傾ける。

その夕方に出向いた先は、かつて神田にあった万世橋駅跡にできたオープンデッキで、クラフトビールを飲みながら四方山《よもやま》話に花を咲かせていた。

なんの話の流れだったか、〝自分にとってのスターは誰か〟という話題になった。Sさんが「ひとりだけ挙げるとすれば誰ですか」と水を向けるので、私は間髪入れず答えた。

「萩原健一」

するとSさんがぱっと大きく目を見開いて畳みかけた。

「傷だらけの天使！」

ええもちろん、と私。

「太陽にほえろ！」も「前略おふくろ様」も観ているけれど、この前後二作のあいだに挟まった昭和四十九（一九七四）年から五十年にかけてのテレビドラマ「傷だらけの天使」ですよ、やっぱりね。ＧＳブームのあと、萩原健一が昭和四十六（一九七一）年に初めて出演したのが辺見マリ主演の歌謡映画「めまい」で、映画監督・斎藤耕一と出会って映画での芝居に傾倒して出演した翌年の「約束」がもう最高、この映画はいまだに私の恋愛映画ナンバーワンなんですよ……私は前のめり。「約束」で主演したとき、萩原健一は弱冠二十二歳。本当はサード監督に就く予定だったのに、キャスティングが難航して急遽出演することになったなんて、神様はわかってますよね、年上の女を演じる岸惠子に甘えたり拗《す》ねたりする感じがもう絶品で。

……喋り続けていると、ふんふんと相づちを打っていたＳさんがたまりかねたように割って入った。

「あのですね。なんといってもね、『傷だらけの天使』の最終回、第二十六話ですよ。風邪引いて死んじゃった水谷豊、アキラにね、萩原健一が全身全霊で語りかけるんですよ、『おまえほんとにバカだよお。おれ……もうどこにも行かねえから。寒いだろう？風呂入れてやるよ。な、風呂。あったかいだろう。いま女抱かせてやるからな』。慟哭《どうこく》しながら、アキラの体に雑誌かなにかから切り取ったヌードのグラビアをぺたぺた貼り付けるんです」

私は驚いた。たまたま萩原健一の名前を出しただけなのに、Sさんは「傷だらけの天使」の最終回「祭りのあとにさすらいの日々を」のラストシーンを科白《せりふ》まで克明に記憶していた。私は「傷だらけの天使」全回のDVDをもっているし、何度も繰り返し観ているから細部まで再現できるくらいだから、Sさんの記憶にはみじんも間違いがないとわかる。

あっけにとられている私をよそに、さらにおっかぶせる。

「そして、圧巻のラストですよ、死んだアキラを入れたドラム缶をリヤカーにのせたオサムが夢の島を走るシーン！　荷台からドラム缶を下ろして、逃げるように夢の島を走り去るシルエット、そこへ井上堯之《いのうえたかゆき》バンドの音楽が流れる……いやもう最高だったな」

思いがけず意見の一致をみたことはうれしかったけれど、萩原健一のことならいくらでも熱く語れる自分のお株を奪われ、ちくちく刺激されて微妙な気分に浸っていると、Sさんの話は飛躍的な展開をみせた。

「じつは、萩原健一に一度だけ会ったことがあるんです」

いったい何を言い出すんだろう。

「二十年くらい前だったかな。都心のどこかのふつうのそば屋で、俺、ひとりでそば食ってたんですよ。たしか青山だった。なんてことのない、ふっつーの町のそば屋です。昼の営業時間が終わるぎりぎりのタイミングでした。がらっと入り口の扉が開いてお客が入ってきて、つかつかと帳場のほうへ近づいていって、こう首を長くして覗いておばちゃんに頼むんです。『かけそばとカツ丼食わしてくれる？　悪いね、こんな時間に』。その声を聞いて、えっ、と思ったんです。顔を見なくてもすぐわかりました。あの掠《かす》れた声と喋りかたは、十代のときテレビに齧りついて観てきた萩原健一の声に間違いない。トレンチコートを着ていました。実物なのに、素なのに、あの姿のまんま」

あのまんま、でしたか。

「ええ、あのまんまです。そば食いながら、俺はもう大興奮ですよ。向かいのテーブルについて、カツ丼とかけそばをざくざくかっこむ姿もあのまんまでした」

Sさんが何を指しているか、すぐわかった。

「傷だらけの天使」のオープニング、ワンシーン・ワンカットの朝食シーン。屋上のペントハウス、私立探偵オサムの部屋。額に白いゴーグル、耳にヘッドフォン。BIGIの革ジャンを肩に引っかけ、トマトを丸かじりし、クラッカーを頬張り、コンビーフ缶に食らいつき、ナプキンがわりに新聞紙をシャツにはさみ、魚肉ソーセージを貪り食い、牛乳は瓶ごと口に入れてかぶりつき、前歯で紙ぶたを押し開ける。その紙ぶたの放り捨てかたにいたるまでスタイリッシュで、粗野な一挙手一投足に萩原健一という俳優の美意識が炸裂していた。平成三十一（二〇一九）年に亡くなったとき、いろんな記事に目を通していたら、このグルーヴ感あふれる伝説の朝食シーンは、撮影が押して時間がなくなってしまい、カメラに三脚をセットする余裕のないまま手持ちカメラで一発撮りされたものだと知った。

クラフトビールをお代わりしながら萩原健一について話し続けるSさんの脳裏には、まちがいなくあの朝食シーンと井上堯之バンドの音楽が流れている。

私はつぶやいた。

カツ丼とかけそばをざくざくかっこむ姿が目に浮かびます。

「ええ。だから、あの『傷だらけの天使』のまんまなんですよ。さすがですよね。ほんとうにかっこよかった」

——これが、まっ赤な幅広のリボンが十文字に掛かって後生大事にしてきたとっておきの話である。

なあんだ、じかに会ったわけでもないし、他人の記憶にすぎないじゃないかと言われればその通りなのだが、「エメラルドの伝説」を歌うザ・テンプターズの萩原健一に出会って以来、ずっと大切にしてきた人物が、イメージと現実、つまり虚実皮膜《きょじつひにく》をぴたりと重ね合わせた線上でカツ丼とかけそばを平らげていることが、ただただ尊いと思ったのである。

この話を持ち出したくなったのには、じつは理由がある。

「なぜ君は総理大臣になれないのか」と題するドキュメンタリー映画を観た。令和二（二〇二〇）年六月公開、大島新監督作品。挑発的なタイトルのついたこの映画は、香川県選出の衆議院議員、小川淳也を十七年間にわたって撮影したドキュメンタリー作品である。撮影がスタートした平成十五（二〇〇三）年当時、小川淳也は三十二歳。映画の冒頭、東京大学から自治省（現・総務省）に入って官僚となったエリートコースを捨て、民主党から衆議院選挙に初出馬する姿が映し出される。「地盤・看板・カバンなし使命感だけで政治家を目指した」が、落選。平成十七（二〇〇五）年、衆議院選挙で比例復活により初当選を果たす。大島監督は、香川出身の自分の妻から「高校の同級生が選挙に出る」と聞き、じっさいに会うと「政治家を笑っているうちは、この国は絶対に変わらない」と衒《てら》いなく語る姿に興味を抱き、まずテレビのドキュメンタリー番組の取材対象として撮影をはじめたという。

「なぜ君は総理大臣になれないのか」という問いをつねに脳裏に浮かべながら、ひとりの政治家の姿をスクリーン上で凝視する二時間はきわめて刺激的だ。平成二十一（二〇〇九）年に政権が交代すると、これで日本の政治は変わると希望を抱くのだが、いっぽう、党の利益に貢献しなければ、政治家としての出世はむずかしい。しかも、権力への欲望が薄く、他人を蹴落としてまで成り上がろうとする野望にも縁遠く、愚直なほど自身の政治信条に忠実だ。

まっすぐな言葉に、はっとさせられる。

「政治家は、多数決で五十一対四十九で勝ったら、負けた四十九のひとの思いを背負わなくてはならない」

大義名分ではなく、政治家として拠って立つ信念であることが伝わってくるのだが、いっぽう、党や派閥に翻弄され、何度も挫折を味わう。それでも高い志を保ち続ける姿に、家族も、大島監督も、「政治家に向いていないのでは」という思いがよぎりはじめる。悩み抜いたあげく、無所属を選ばず「希望の党」から出馬するのだが、「打倒、小池百合子」と党首批判を口にして自己矛盾をさらけだすシーンは出色だ。

世間は「青臭い」「正直すぎる」「誠実さだけで政治家はやっていけない」などと評するのだろう。しかし、返す刀で映画が問いを投げかけてくる。もし本当に誠実さだけで政治家がやっていけないのなら、そんな日本の政治はいったい何なのか、と。「なぜ総理大臣になれないのか」と問われているのは小川淳也本人ではなく、私たち有権者なのだった。

映画のラスト、令和二（二〇二〇）年の香川県高松市、小川淳也の自宅にカメラがはじめて入る。家賃四万五千円の2LDKのアパート。妻が用意した食卓が映し出され、心づくしの料理のひとつに小川淳也が箸をのばし、相好を崩しながら言う場面。

「焼いたり焙ったりするんじゃなくて、そのままが大好きなんですよ。ほんとうまいですよね」

人物の印象とその日常が重なり合う瞬間だった。刻んだねぎをのせ、目尻を下げてぱくりと頬張ったのが油揚げだったのである。

鮭と豆腐

中学生だった。美術の教科書で、「鮭」に出会った。

極端に細長い、まるで掛け軸のような絵だ。

荒縄で結んで吊された新巻鮭《あらまきざけ》がまるごと一本。かっと見開いた魚の目。半開きの鋭い口。上側の半身がごっそり切り取られ、淡い朱色の肉や骨が露わになっている。下側は、腹から尾まで銀色の硬い鱗《うろこ》におおわれ、最下方に平べったい尾びれ。

なんだろう、これは。

どう見ても歳末におなじみの贈答品の新巻鮭にしか見えないのに、微妙な暗い光と影のなかに吸い込まれそうな迫力に捕まった。描かれた新巻鮭を見ていると、絵筆を握って新巻鮭をじいっと凝視する画家の姿や目の動きをかんがえてしまう。

作者の名前は「高橋由一」。たかはしゆいち。いっぺんで覚えた。「日本における油彩画の父」とも書いてあった。でも、中学生にとって謎だらけだった。どうしてこの絵が描かれたのだろう。描かなければならなかったのだろう。ただ新巻鮭が一本吊してあるだけの絵なのに、腑に落ちないまま記憶の底に沈んでいった。

それから何十年も経ち、ひょんなことから高橋由一について調べる機会ができた。きっかけはやっぱり「鮭」で、足を運んだ美術館の展覧会で思いがけず「鮭」の絵の実物に触れ、そういえば子どものころに出会った〝たかはしゆいち〟について知りたいと思ったのだ。初めて絵の前に立つと、新巻鮭は、教科書で見たときよりほの暗く、想像していたより小ぶりで、しかし、じっとりと重い質量をともなっていたことに動揺したのかもしれない。

文政十一（一八二八）年、下野国佐野藩《しもつけのくにさのはん》の武士として江戸に生まれ、幼少期にずば抜けた画才を認められて狩野《かのう》派に学ぶ。西洋画研究の道へ進む決意をしたのは、西洋の石版画の精密な描写に衝撃を受けてのこと。三十代になって幕府直轄の画学局に入り、横浜在住のイギリス人挿絵画家、チャールズ・ワーグマンの指導を受ける。文明開化の明治期に入ると、みずから開いた画塾で月例展覧会を開催、そのほか西洋の画材の国産化を推進したり、画論誌を刊行したり、手を尽くして西洋画の浸透のために奔走した。香川県の金刀比羅宮《ことひらぐう》に作品を数多く奉納しているのは、画廊など活動の拡張資金を得るためだったらしい（十五年ほど前、金刀比羅宮を訪れたとき、あの長い長い参道の途中、境内に「高橋由一館」があるのを知ってびっくりしたことがある。その日、奥社まで登り切る予定だったから、先を急ぐ必要があり、寄れず仕舞いになった）。画家というよりも、近代国家の歩みと足並みを揃えた西洋画をめぐるやり手の事業家といった側面が目立つ人物なのだが、でも、自身の絵筆は手離さなかった。というのも、明治九（一八七六）年、日本で最初の官立の美術教育機関、工部美術学校が創立されたとき、当時五十歳を目前にした由一は、たびたび学校に足を運んで指導教官のイタリア人画家、アントニオ・フォンタネージに絵画技術の教えを仰いでいる。

「鮭」を描いたのは明治十（一八七七）年、つまり、フォンタネージに指導を受けているときだった。写実性の高い絵画技法を学びながら紙に描いた新巻鮭の油彩画は、縦百四十・〇センチ、横四十六・五センチ。実物の新巻鮭とほぼ同じ大きさで描いたのは、とことんリアルな表現に迫りたい一心だったのだろうか。いまにも嚙みつきそうな鋭利な口、脂気を滲ませる朱色の肉、半乾きの鱗、腹びれ、尾びれ、そして削られて不在の身にいたるまで、由一の感情がみっちりと詰まって息苦しいほどだ。たぶん、資料や記憶ではなく、自分の正面に吊した対象物をつうじて西洋画と向き合おうとしたのだろう。日本における西洋画の黎明期、なんとか絵を自分のものにしてやるぞという執念や覚悟が込められているから、「鮭」は時代を超えて特別な絵として輝く。

さて、「鮭」について書いてきたのには理由がある。

じつは、「鮭」が描かれたとおなじ明治十（一八七七）年ごろ、由一にはもう一作、身近な食材をあつかった写実画がある。それが「豆腐」。

「豆腐」という絵があることは、由一の絵について調べている途中、偶然に知った。そのときはこうして油揚げについて書くことになるとは思いもかけなかったが、みょうに気になった。構図も不自然だし、なんだか奇妙な絵だな。率直にいえば、気恥ずかしいものを見てしまった感覚に襲われたことも告白したい。

縦三十二・八センチ、横四十五・二センチ。金刀比羅宮収蔵作品。

脚付きの木のまな板が、画面を横断して斜めに置かれている。水に濡れたまな板の上に並ぶのは三つ、右側に木綿豆腐一丁、まんなかに焼き豆腐二枚、左側に油揚げ二枚。黄色い油揚げの一枚は半分ずれ落ち、まな板から不安定にはみ出している。

本来なら、ひとつのまな板の上に木綿豆腐と焼き豆腐と油揚げが並べて置かれることはないだろう。しかし、由一は三つを並べた。だれかに頼んで買ってきてもらったのだろうか。それとも自分の足で豆腐屋に出向き、これらを描こうと狙い定めてわざわざ買い求めたのか。

由一が身近なものをモティーフに選んだのは、油彩というあたらしい技術をより際立たせるためだったといわれる。私が「豆腐」に感じるのは、これら三つの食材を、自身が習得した西洋画の技術によって写実的に再現してみたい、キャンバスのなかに実存させたいという熱量、あるいは執着心だ。さきに「気恥ずかしいものを見てしまった感覚」と書いたけれど、この絵を見るとき、どうしても気恥ずかしさを覚えてしまうのは、作者の熱量と技術とのバランスがぎくしゃくとして空回りした結果が見てとれるから。いっぽう、ほぼおなじ年に描かれた「鮭」は、〝日本人による最初の油絵の成果〟として国の重要文化財となり、美術の教科書に載ったほどだが、木綿豆腐も焼き豆腐も油揚げも、「鮭」にはとうてい及ばなかった。むずかしい題材だったのである。じっさい、由一のように真正面から木綿豆腐や焼き豆腐や油揚げと対峙して勝負した絵がほかにもあるのか、寡聞《かぶん》にして知らない。

日本の美術が大きく動いてゆくなか、由一が格闘して仕上げた絵だとかんがえれば、「豆腐」はまったくべつのものに見えてくる。新陰流《しんかげりゅう》免許皆伝の家に生まれ、家業の剣術指南役を継ぐべく育てられながら、幼くして絵筆を執る道を選び、しかも西洋画を志した由一が五十近くになって挑んだ木綿豆腐、焼き豆腐、油揚げ。

まな板からいかにも不安定な角度でずり落ちる油揚げは、豆腐や焼き豆腐と較べたときの軽さを表そうとしたのかもしれないが、日常の現実から逸脱しかけているようにも見える。高橋由一が生涯を懸けて目指したものに少しだけ触れる心地がする。

りんごの木の下で

オンシアター自由劇場が、かつて麻布材木町のガラス店の地下にあったころの話だ。斎藤憐《さいとうれん》・戯曲、串田和美・演出、「上海バンスキング」の初演は昭和五十四（一九七九）年一月二十五日〜二月十二日だった。日中戦争が勃発する一年前、軍国主義が台頭しはじめた日本を離れ、自由にジャズを演奏したいと企んで上海に渡ったクラリネット奏者、波多野《はたの》とその妻、まどかをめぐる波瀾万丈の物語。そののち三十年にわたって四百数十回におよぶロングランを記録することになるとは、当初だれが想像しただろう。

私が初めて観たのは、初演が大評判をよんだ翌年、昭和五十五（一九八〇）年に再演された舞台だ。このときの公演の熱量は芝居のゆくえを占うものだったと、いまあらためて思う。ペンキで黒く塗りこめた壁をつたい、狭くて急な階段を降りた地下に広がる小さな舞台と満員の客席の空間に、俳優たちが演奏するトランペットやクラリネット、トロンボーンの音色、吉田日出子が歌う劇中歌の甘い歌声が浮かび上がらせた一九三〇年代の上海租界。ジャズのメロディや芝居の世界に翻弄され、観終わって六本木駅のほうに向かって歩きながら、夜の闇のなかで鳥肌がおさまらなかった。
上海租界のジャズメンを描く斎藤憐の戯曲が、まずすばらしい。いま私の手もとにある、昭和五十五（一九八〇）年に而立《じりつ》書房から刊行された書籍『上海バンスキング』の帯にこう書かれている。

《第24回岸田戯曲賞受賞》
いっさんに駆け抜けた歴史の逆流のなかで、幻花たりし上海租界を舞台に展開されるジャズメンの夢と愛の光芒を、抒情の旋律のなかに密封しつつ、一転歴史のイロニーと〈いま〉を問う、痛烈な反措定劇。

ひさしぶりに本棚からハードカバーの一冊を取り出すと、劇団自由劇場の創設メンバーであり、黒テントの創設にもふかく関わった劇作家の戯曲に似つかわしい硬派な文言だなと思い、涙がでるほどなつかしい。かつて一九三〇年代、上海に渡ったジャズメンを描く名戯曲は、日本統治下の朝鮮半島、平壌《ピョンヤン》生まれの斎藤憐だからこそ生まれた。
初演、再演と続くうち、「上海バンスキング」をめぐって熱気の渦が巻き起こっていった。芝居に関わった作家、平岡正明、ジャズ評論家、瀬川昌久《せがわまさひさ》も協力して小さなジャズコンサートが計画されることになり、場所は新宿にできたばかりの「スタジオアルタ」階上の多目的ホールに決まった。俳優たちとプロのジャズ・ミュージシャン、吉田日出子によるコンサートのタイトルは、「上海—新宿　1982」だったと記憶している。私はちょうどそのとき、スタジオアルタが発行していたミニコミ誌「アルタ通信」で人物インタビュー記事を書いていた縁でリハーサルや打ち合わせに出席し、このコンサートの手伝いをすることになった。演出は、芝居の演出とおなじオンシアター自由劇場主宰の串田和美。

「月光価千金」「上海リル」「ダイナ」「貴方とならば」「リンゴの木の下で」「私の青空」「スィング・スィング・スィング」「マイ・ファニー・ヴァレンタイン」……ジャズの黎明《れいめい》期の楽曲のなつかしさや温かみが芝居やコンサートに関わった者を結びつけたのは、もちろんみんなそれぞれ「上海バンスキング」という芝居を愛していたからだ。平岡さんとは、平成二十一（二〇〇九）年に亡くなるまで家族ぐるみの付き合いが続いたし、串田さんとはすぐに気心が知れ、いっしょに食事をしたり芝居を観に行ったり、長い付き合いになった。

あるとき雑談をしていたら、串田さんが不意に言った。

「舞台で水を一瞬で消す方法があるんだよ。知ってる？」

いたずらっぽい目で訊いてきた。水を一瞬で消す？　その魔法を知っているかと言われても、まるで想像もつかない。あれこれ考えてみるのだが、お手上げだ。

「ぜんぜんわからない」

「教えてあげようか」

ちょっともったいぶって一拍置き、串田さんが言った。

「あのね。乾いたスポンジを使うんだよ。水が、こう、びゃーっと散ってるだろ、そこへ両手に持った乾いた乾いたスポンジを当ててざーっと動かして拭くと、あっというまに水が吸い込まれちゃう。すごいだろ」

自慢気に言ったあとで、付け足した。

「覚えとくといいよ。水がこぼれたら、乾いたスポンジ」

スポンジの魔法はたぶん、演出家が発見した舞台上の小技だったのだろう。串田さんは四十歳になったばかりだった。

それにしても、記憶の回路はどこでどう繋がったり切れたりしているのだろう。四十年経っても、このときの会話が忘れられない。しかも、「舞台で水を一瞬で消す方法があるんだよ。知ってる？」という少ししゃがれた串田さんの声がときどきぷかりと浮上するのは、乾いたスポンジを持ったときではなく、高野豆腐と油揚げを手にするときだ。私にとって、たちどころに水を回収するのは高野豆腐と油揚げらしい。なんてこった。

記憶の破片のあれこれが混じり合っているらしく、からからの高野豆腐を水に浸すときとか、汁気が多めの煮物にざくざく切った油揚げを入れるときなど、「リンゴの木の下で」のメロディが脳裏をよぎったりもする。納得していいのか苦笑いすればいいのか、いまだによくわからない。

最後に「上海バンスキング」を観たのは二〇一〇年、シアターコクーンだったはずだ。かれこれ二十回近く観ている芝居だというのに、初めて観た三十年前とおなじようにまっさらな感動がせり上がって、涙がこらえられなかった。

終演後、楽屋の串田さんを訪ねると、「舞台から君が泣いてるのが見えてさ、それでまた感激したんだよな」と、ドーランを塗ったままの波多野の顔でぽろりと口にした言葉も忘れてはいない。

浜子さん

料理研究家、辰巳《たつみ》浜子《はまこ》さん。

指折って数えると三十年以上、折々に『料理歳時記』を手に取ってきたので、話したりお会いしたことはなくても、親身に「浜子さん」と呼びかけたくなる。

明治三十七（一九〇四）年生まれ、昭和五十二（一九七七）年没。考えてみたら、私の父方の祖母とほぼおなじ年回りである。初めてその姿を目にしたのは、NHK「きょうの料理」だったと思う。この番組に定期的に出演していたのは昭和三十七（一九六二）年から昭和四十六（一九七一）年にかけて、いっぽう、数字を勘定してみると、画面のこちら側の私は四歳から十三歳ということになるから、まだ料理や台所仕事とは距離が遠い。でも、偶然目に入る画面を見るとはなしに見ていると、歯切れのいい口調がとても率直で親しみが湧き、同時にそこはかとなく厳格さも感じられ、料理の先生とはこのようなひとをいうのだとうっすら感じていた（当の本人は「料理研究家」と肩書きをあてがわれることを嫌い、「主婦」と名乗っていた）。

こうして振り返ってみれば、「料理を教えるひと」を意識した最初のひとりが辰巳浜子さんだ。眼鏡の奥できらりと光る眼差しもなつかしい。十代のころ、私が「きょうの料理」をはじめとする料理番組を通じて出会ったのは、江上トミさん、鈴木登紀子さん、阿部なをさん、王馬熙純《おうまきじゅん》さん、陳建民《ちんけんみん》さん、飯田深雪さん……いずれの方々も、料理という実践の学びと楽しさを日本の家庭にもたらした草分けのような存在である。

『料理歳時記』に出会うのは三十代に入ったあたりだった。当時の私は足繁く香港や韓国に通いながら東アジアの食文化を調べることに熱中しており、おのずと和食への視線は薄くなったけれど、幼い娘を保育園に通わせながら子育てをする身でもあったから、題字の「歳時記」に惹かれた。最初は図書館で手に取り、そのあと数年経ってから古書店で手に取り直したのは、やはり自分でも意識しないうちに辰巳浜子という存在が気に掛かっていたのだと思う。中央公論社から刊行されたハードカバーの初版は昭和四十八（一九七三）年。いま私の手もとにある一冊の奥付を確認すると、「昭和53年1月15日7版」。刊行から五年のうちに七回も版を重ねているのだから、日本の女性たちに広く支持され、読まれた。

『料理歳時記』は、浜子さんそのひとの気配が濃い。

春の季節、こう語りかける。

各地の花便りは、浮かれ出さずにはおられないような誘い言葉で、手を変え品を変えて呼びかけてきますが、いい気になって浮かれてもいられません。新学期を迎えて、学費の値上げ、運賃をはじめ諸物価高騰でよほど財布の紐を締めなければやってゆけそうにありません。手弁当で家族連れのハイキングが、安全で健康的な春の楽しみ方でしょう。摘み草なども春にしか味わえない、自然の豊かさを満喫する楽しみ方だと思います。(「食べられる野草」)

一家の財布の紐を握る主婦にとって家計と台所はひと繫がりですよと諭し、自分の手で野草を摘んでみましょう、春ならではの楽しみですよ、と摘み草を奨める。

春の七草はセリ、ナズナ、オギョウ、ハコベラ、ホトケノザ、スズナ、スズシロ。ほかにも、ヨメナ、タンポポ、ツクシ、ワラビ、ヨモギ、ノビル、その気になって見回せば、身近にたくさん。野草や山草を摘む行為は、手近なものを食べものに変えるエネルギーの発動だと言外に語りかける。自邸の草取りを頼んでいる「小母《おば》さんたち」の話も可笑しい。「あれは刈ってはいけない、これも抜いては駄目、といわれるので草取りに手間がかかるし、さっぱりきれいに見えない。怠けているようでいやだね。なにしろこの家は変な草まで食べるらしく、ほとんど八百屋の品は買わないようだ、こんな大きな家に住んでいなさるのに……」と言われてしまう、どうも辰巳家の草むしりの手伝いはすっきりとはいかないから中途半端で甲斐がないねえ、というわけなのだが、頼まれたほうの言い分もよくわかる。
この「食べられる野草」の一編の締めくくりに、こう綴られている。

私は戦争という一世一代の修練に相逢うて乏しさのなかから自然を見直し、家族の命を守ろうとして野草を食べる目が開きました。乏しい配給などにすがってはいませんでした。生れて初めて土に立向かって鍬《くわ》、鎌、レーキ、ショベルを持ち、下肥をくみ、堆肥も積みました。作物が一人前になるようにと懸命に取組みました。アク抜き、乾燥、塩蔵も覚えました。蓬でだんごを丸め、餅をつき、ひたしもの、和えもの、揚げもの、漬物など数限りなく食べる工夫を覚え、とうとう薬草まで研究するようになりました。戦争の貧困のなかから、土と太陽の有難さを知り、命を守るすべを学び、死ぬ意味もわかりました。二度とあってはならない、再び繰返してはならない悲しみ、恐しさ、苦しさのなかから、たくさんの得がたい人生の生き方を学びました。野草のように、土と太陽さえあればたくましく根を張って、踏まれても、蹴られても生きてゆかれるように……。野草が好きで愛着を覚えるのは、こんな経験のたまものと感謝しています。

おなじ時代を生きた日本中の女性たちの人生と重なる、普遍の言葉だと思う。

熱心に家庭菜園に精出したり、玄米食を実践したのは、日本におけるマクロビオティックの提唱者、桜沢如一《さくらざわゆきかず》の影響も大きかったようだ。桜沢如一は明治二十六（一八九三）年生まれ、戦前から戦後を通して食養の提唱者として精力的に啓蒙活動をおこなった人物で、海外ではジョージ・オーサワの名前で知られた。食が健康をつくるという考え方を思想の柱に据え、健康や病気にまつわる食事療法についての著作も多く、女性たちにも多くの影響を与えた。また、ふたりの息子は戦争に応召され、夫も戦中に満州に赴任、辰巳家もまた家族もろとも戦争の渦中に投げ込まれる。生き延びてゆくためのすべを身につけることは、すなわち自分自身の手で食べものを育て、得ることに繋がった。切羽詰まった心情はいかばかりだったろう。

ところで、浜子さんにとって油揚げはどんな存在だったのだろう。にわかに気になって『料理歳時記』を繰ってみると、こんな箇所が見つかった。

お精進用には、油揚を二枚にはがして、中のお豆腐の白い部分をこそげ落して摺り胡麻といっしょに摺り合せ、油揚はごく細く切って、さっと油抜きして水気を固く絞り、胡瓜と合せて胡麻和えにします。この場合は卵の黄身は使いません。油揚とこそげ落した豆腐が、胡麻酢で和えたために出た胡瓜の水気を吸いとって、具合よい味をかもしだすのです。十五、六の時、祖母からそのわけを教えられた、わが家のお惣菜の胡瓜の胡麻酢和えです。（「春の和えもの」）

あらめ、ひじきは油揚と煮合せると常備のおかずで、日本人ならだれでもたやすく作って、気軽に食べられる、体内老廃物追い出し食と考えてよいでしょう。薄味で下煮して、白和えにするのもまたよろしいものです。こんなあたりまえのお煮付がマイホームでは食べられなくなったので、旦那様族はバーや飲屋で召し上るとか、長生きをしているお蔭で、いろいろと珍しいことをきかせていただきます。（「うご　天草　あらめ　ひじき」）

お惣菜向きには油揚げといっしょに使えばよいのですが、ちょっとしゃれれば、結んで麩または豆腐と合せて青みを添えれば上等です。

やわらかく茹でたものを油で炒めて、油揚げといっしょに薄味で煮つけても思いのほか美味しく、子供向きや老人向きに喜ばれます。（「かんぴょう」）

全編をつうじて、とくに油揚げが表に出てくることはない。でも、こうしてところどころ、ひょいひょいと油揚げが自在に顔をのぞかせながら季節の味を支えている。相手を引き立たせながら、一品を成り立たせる脇役として欠かせないもの、それが油揚げだった。きゅうりの胡麻酢和えの衣にしても、はがした油揚げの内側からこそげ落とすやわらかな「お豆腐」が、旬の野菜を脇から支える。浜子さんにとって、娘時代、油揚げの「お豆腐」が水気を吸い取ってひと鉢の味を底上げする道理を祖母から授けられた記憶は、油揚げを使いこなす手立てのひとつとして定着した。こんなふうにして、浜子さんは油揚げを自家薬籠中《じかやくろうちゅう》のものとしていったのだろう。

七年に亘って綴られてきた家庭の歳時記は、時代は激しく変わっても、なおこうして暮らしに寄り添う。いま、その意味を、浜子さんへの思慕とともにあらためて考えたくなる。

かやく

ひさしぶりに『おそうざい十二ヵ月　暮しの手帖版』を手に取った。長年、本棚のおなじ位置にあり、背表紙の手書き文字も独特だからすぐ見つかる。函《はこ》入り、角背のハードカバーの渋い横縞柄、ビニール装。「暮しの手帖」でおなじみの題字にもすっかり馴染んでいる。奥付には「昭和五十六年四月十日　第二十一刷」。

モノクロ写真の料理と手順、つくり方の簡潔な説明が淡々と並ぶ。なつかしさがこみ上げてくるけれど、でも、ちっとも古い感じがしない。

小学生のころ、母がずっと「暮しの手帖」を購読していたから、バックナンバーがずらりと書棚に揃っていた。気まぐれに一冊か二冊を取り出し、ぱらぱらとページをめくりながら料理の手順の写真を眺めるのは新鮮な体験だったし、うちでは見たことのない蒸籠《むしかご》やトング、鬼おろしなどの調理道具写真にもそそられた。あじの小骨を抜く場面、こんにゃくをすりこぎで叩く場面、両手のあいだで肉だんごを丸める場面……いま思い返すと、台所仕事の細かい作業をストップモーションでしげしげと眺めたのは、「暮しの手帖」を開いたときが初めてだったのではないかしら。一度も食べたことがなくても、「とうふのフライ」の豆腐がフライパンの油のなかで泡を噴きだしている場面はスペクタクルそのもので、しげしげと見入った。おなじ台所仕事でも、母が台所で忙しげに手を動かしている日常の光景と、調理の手もとをカメラでとらえた静止写真は別世界の出来事として見た。

『おそうざい十二ヵ月　暮しの手帖版』は「暮しの手帖」三十三号（昭和三十一年）から九十七号（昭和四十三年）まで、十二年にわたった連載「おそうざい十二ヵ月」から編んだ一冊で、すべての料理を受け持つ小島信平は大阪「吉兆《きっちょう》」で修業、このとき大阪の懐石料理「生野《いくの》」の主人である。いまでこそプロの懐石料理の料理人が家庭のおかずを指南するのはめずらしくないけれど、その当時はきわめて稀《まれ》だったと思うし、引き受けるほうも勇気がいることだったようだ。

「あとがき」に、そのあたりの事情について、編集部が記している。

お客料理はいい料理、おそうざいは下等な料理と思っている人は、いまでも、たくさんいます。小島さんも、やっぱり「わたしに、おそうざいをさせるとは」とはじめは思ったようでした。何度も私たちは大阪に足を運んでいるうちに、最後にこう答えてくれました。

「やらしてもらいまっさ。お客料理はたまのこっちゃ、おばんざいは毎晩たべはる。それをちょっとでもおいしゅうたべてもらうようにしてもらう、大事な仕事でんな、お手伝いしましょう」ということになりました。

「大事な仕事でんな」。きっぱりとした言葉から、「暮しの手帖」編集部にこの人物ならと見込まれた料理人の気骨が伝わってくる。

二百一種の「おそうざい」は、何度でもつくりたい、気張らなくていい、時間も手間もお金もかからない、半世紀経っても今夜の食卓にのせたい料理ばかりだ。

「春」の章、最初の十品はこんなふう。

たけのことわかめとふきのたき合せ
貝柱のさんしょ焼き
とうふのオイル焼き
牛肉のやはた巻
豆ごはん
なまりのなんばんふう
ふきとかまぼこの卯の花まぶし

大根と糸こんにゃくのいため煮
なっとう汁
ひき肉のあられだんご

料理の名前だけでほっとする。元気のある日でも疲れている日でも、こんな一品が食卓にのぼったらうれしいな、箸がひとりでに動くだろうなと思うものばかり。

ときおり新しい料理がひょいと顔をのぞかせるのも、愛嬌がある。「豚肉の酢みそあえ」「揚げパンのおろしまぶし」「木の葉カツ」「おやこキャベツ」……にやけてしまう。六十八品目「とり肉入りかぼちゃ」が紹介されているのを見て、おや、と思った。そういえば、むかし、母はかぼちゃに鶏ひき肉のあんをかけた料理をよくつくっていたけれど、もしかしたら「暮しの手帖」で覚えた料理を自分流にアレンジしていたのかもしれない。材料は、かぼちゃ、鶏ひき肉、生姜、調味料は醬油や砂糖、みりん、片栗粉。子どものころに見た、黄色のかぼちゃにかかったとろりとなめらかなあんの照りは手品みたいだった。

さて、この本を開いてみたくなったのは、ほかでもない油揚げのことが気になったからである。おそうざいの殿堂のような一冊のなかに、油揚げを使う料理がいくつ、どんなものが出てくるのだろう。

巻末に「料理別の総索引」「材料別の総索引」がある。「材料別」のページを開いて指を動かしながら確認すると……あった。「乾物・加工品」の項目、「厚揚げ」と「糸こんにゃく」のあいだにはさまれて「油揚げ」と明記してある。

合計九品。本文を見ると、そのうち、おかずはつぎの通り。

とりと野菜のきんちゃく煮
ふくろばす
ぶりのかす汁

あれ、三品だけなの？　もっと多いと思っていたのに、かなり拍子抜けしながら、そのほかの六品を見てみると、ごはんものだけ。

にんじんごはん
しいたけごはん
ごぼうめし
いもころごはん
もち入り雑炊

大根めし

小島信平という料理人が身近に思えてきて、楽しくなってきた。編集部が長年、撮影のたびにわざわざ大阪まで足を運ぶほど腕前と人物を見込んだ料理人にとって、米となにかを組み合わせて炊くとき、油揚げは欠かすことのできない存在だったと思い至ると、油揚げにたいする信頼感が伝わってくるし、料理に携わるプロのちょっとした癖や好みもうかがえて懐に飛び込む心地を味わう。

それぞれページの最初に、気の利いた見出しがついている。

にんじんごはん（春）

「にんじんはきらいだという人が、これならたべるという。こんにゃくと油揚げがうまく味を作ってくれます。ダシは昆布と煮干しです。ふつうより少しゆっくり炊きます。できれば赤い京にんじんで。」

しいたけごはん（春）

「椎茸をたっぷり入れたたきこみごはんです。たきこみごはんは、はじめ口に入れたとき、ちょうど頃合いの味では濃すぎます。うす味にするのが、いわばコツです。」

ごぼうめし（夏）

「夏のごぼうはまだやわらかで、ご飯に入れて炊きこんだら、ちょっと考えられないほどのできばえです。」

いもころごはん（秋）

「こいももおいしく、お米もおいしい季節です。どちらかというと、こいもはくずれるぐらいやわらかく、ねっとりと炊き上げるところが身上です。」

もち入り雑炊（冬）

「大根とにんじんと油揚げの入った雑炊に、こんがり焼いたお餅を入れます、こうばしくて何杯もおかわりしたくなります。」

大根めし（冬）

「千六本に切った大根と油揚げを入れた炊きこみご飯、おいしく作るコツは煮干しのダシです。」

見出しを読んだだけで要諦がつかめるのだから、さすがとしかいいようがない。六品の料理にあふれる油揚げへの偏愛が伝わってくる。米と野菜を炊き込むときは油揚げがなくちゃだめですよ、油揚げがあれば確実においしくなりますよ。

そういえば、愛読している水上勉『精進百撰』にも、しめじと油揚げと米を混ぜて炊く「しめじ炊き込みご飯」があった。この一品を、水上勉は禅寺にあずけられた少年時代におぼえたと書いている。

念のために『精進百撰』も書棚から取り出してみよう。ページを繰ると、こう書かれている。

　相国寺の塔頭は藪に囲まれていたので、薪材は竹だった。枝を束ねておいたのが、せんべいのように平べったく葉を落して束の下になっているのから、順にひきぬいて数をかぞえた。

　十本か十一本で、和尚と奥さまと私のご飯が炊けた。

（『精進百撰』岩波現代文庫）

水上勉は、いまも、しめじの季節がやってくると、少年時代を思い出しながら、しめじと油揚げを混ぜこんで米を炊くと書く。

『おそうざい十二ヵ月』の六品のなかから、私も何かつくってみたくなった。にんじんごはんはどうだろう。まだつくったことがない。

材料はにんじん、こんにゃく、油揚げ、米。だしは昆布と煮干しの合わせだし。調味料は醤油と塩（私が持っている本には、「いの一番か味の素」と書いてあるけれど、これは省いた）。ごくありふれた材料だけれど、時代を反映して切り方にプロの技がある。にんじんはそぎ切り、こんにゃくはせん切り、油揚げはみじん切り。写真に写っている油揚げを見ると、かなり細かい霰《あられ》に刻んである。

炊き上がった鍋のふたを開けると、にんじんの赤がところどころ花のようにぱっと咲いている。目が喜んで食欲が刺激され、いそいそとしゃもじですくう。

まず、にんじんのそぎ切りの存在感と食べごたえに納得しながら食べていると、味の奥まったところからゆっくりと湧き上がってくる感情があった。

この味は何かに繋がっている。

子どものころに食べていた。

茶碗のなかの薄茶色がうれしかった。

「かやくごはん」と呼んでいた。

脈絡なく浮上する記憶のきれぎれを繋げてゆく。

ごくたまに母がつくった薄茶色のごはんには、にんじん、ごぼう、こんにゃく、油揚げが入っていた。

にんじんとこんにゃくと油揚げはせん切り、ごぼうはささがき。かならず二杯はおかわりをした。おかわりをしなくては、気がすまなかった。

米ひとつぶひとつぶの味がいつもの白い米とはべつもので、その味の正体がにんじんやごぼうや油揚げやだしの累積だなんて思いもよらなかったけれど、とにかく日常を超えるぶっちぎりのうまさ。

毎日使っている自分の飯茶碗によそってあるのに、どこか過剰で爆発的な味。

（あっ、だから「火薬」ごはんという名前がついているのか）

ものめずらしい「かやく」の名前の意味を、勝手に理解して納得した。しかし、ほんとうは「火薬」ではなく、料理に〝何かを加える〟という意味の「加薬」だと知ったのはずいぶんおとなになってからのことで、てっきり「火薬」だと信じていたことを私は「気恥ずかしい話」のひとつとして大事にしている。

いまも、「炊き込みごはん」と言うより「かやくごはん」と呼ぶほうがしっくりくる。関東では五目ごはん、炊き込みごはん、関西ではかやくごはん。どんな名前で呼んだとしても、そこには油揚げの存在があるし、もし油揚げがなかったら、どこか気の抜けた味、そっけない味になってしまう。

炊き上がって茶碗によそえば、ごはんのなかに埋もれて目にも入りにくい地味な存在である。でも、そこにうまみを吸い込んだ小さな油揚げがいてくれなくては、みんなが困る。

まるかじり

煉瓦《れんが》のようなでっかいあぶらげ。重さ二百グラムを超える猛者もいるのだから、たぶん日本で一番巨大なこの油揚げを、土地のひとは「あぶらげ」と呼んで江戸期から長く親しんできた。

新潟県長岡市、栃尾《とちお》。長岡の中心部から車で二十分ほど走ると、どことなくのんびりとした空気の流れる栃尾の町に入る。そのとき役場のひとにもらった「とちお旨いものマップ」を見返してみると、栃尾米、笹だんご、越銘醸《こしめいじょう》や諸橋《もろはし》酒造などの地酒、丸鯛粉菓子、秋葉饅頭、味噌や醤油、餅、栃尾ワインなどが並んでおり、あぶらげの名前も並んでいる。縦二十センチ近く、横幅六、七センチ、厚みは四センチ前後。迫力満点のでかさは、やっぱり煉瓦に喩えたくなる。しかも、私が栃尾を訪ねた十年前は栃尾全域に十五軒のあぶらげの店が点在し、それぞれが鎬《しのぎ》を削っていた。あちこちの店を巡って買ったり食べたりしながら思ったのは、「名物」という二文字で括《くく》ってはいけないということ。大きさ、味、嚙み心地、食べ応え、揚げ具合、ひとつひとつ違う顔つきをしている。大豆を搾るところから揚げるまで、なにからなにまで手製の店もあれば、機械で揚げる大量生産の工場もある。もちろん、「名物にうまいものなし」という謂《いい》は、栃尾でもお門違い。

なぜ、栃尾にはこれほど巨大なあぶらげが生まれたのか。その背景には、言い伝えによれば、上杉謙信の存在がある。そもそも栃尾は謙信公ゆかりの土地で、春日山《かすがやま》城主になるまでの六年間、ここを拠点とした。謙信公が生涯をつうじて信仰した秋葉三尺坊大権現《あきばさんじやくぼうだいごんげん》は、日本全国から参詣者を集め、栃尾の土産ものとして巨大なあぶらげが考案されたのだという。いまでこそ焙ったり焼いたりするけれど、昔は、根菜や山菜と炊き合わせて食べられてきた。煮汁をたっぷり吸い込んだ分厚いあぶらげのうまさは、さぞかし格別だろう。また、栃尾は馬の売り買いがさかんに開かれていた土地で、馬喰《ばくろう》たちが酒の肴として手づかみで食べられるように大きくつくるようになったとも伝えられる。そうと知れば、この豪快なあぶらげは、大きな口を開けて無造作にかぶりつくのが似合う気がしてくるのだった。

そんな野望がごく当たり前のように叶う店があるなんて想像したこともなかったのに、ところが。

吐く息が白く煙る早朝、栃尾旭町雁木《がんぎ》通り「佐野豆腐店」を訪ねたときのこと。豆腐屋さんの仕事は朝早くからはじまるが、通りに面した「佐野豆腐店」の作業場でも、家族総出の大わらわ。もうもうと湯気が上がるなか、ゴム長靴を履いてみなさん集中の面持ちで自分の持ち場をこなしているので、声を掛けるのもためらわれた。桶《おけ》のなかの豆乳にニガリを打つ息子さんの背中には緊張がみなぎっているし、店主の佐野さんの姿を探すと、すでに固めた豆腐を切り分けて重石をのせて水切りしている。

佐野さんによれば、「あぶらげの場合は、豆乳にニガリを入れて攪拌《かくはん》する回数や櫂《かい》で回すときの力のいれ具合もべつなんですよ」。なるほど、あぶらげの生地は、豆腐をつくるのとは異なるつくり方だから、これも味の決め手なのだろう。一日に揚げるあぶらげは六、七百枚。

手揚げの作業がはじまった。たふたふ揺れる金色の熱い菜種油の海に、長方形の生地が静かに放たれ、くるり、くるり、何度か表裏を返すうちにぷーっとふくれ、きつね色を帯びてゆく。それにしても見事な手つきだ。あんなに大きくて厚いのに、ぴかぴかつやつやのべっぴんさんに揚がってゆく。

奥さんが手を止め、声を掛けてくださった。

「揚げたて、食べてみます?」

はい、もちろん! さっきからあの揚げたてを味わってみたいと喉から手が出そうだったけれど、口に出せずにいた。

皿と割り箸《ばし》、醬油差しを受け取り、そこへ揚げたての一枚をのせてくれる。猛々《たけだけ》しい湯気をまとう、どおんとでっかいきつね色の煉瓦。醤油をちゅっと垂らし、割り箸で持ち上げると、ものすごく重い。ずり落ちそうになるのを箸でがっちりとつかまえ、作業場のかたすみで煉瓦のはじっこをまるかじり。

熱いっ。

口のなかの熱をほっ、ほっ、湯気といっしょに逃がしながら嚙みしめると、大豆のうまみがじゅわじゅわじんじんと広がり、香ばしい皮と中身の弾力が混じってうまい。一枚全部はとても無理だとひるんでいたのに、ぺろりと平らげてしまった。

「長年工夫を重ねて、いまの味になりました。うちのはやわらかくて、油っこくないと言われているようです」

佐野さんが言うのを聞き、たったいまこうして、揚げたて、生まれたての栃尾のあぶらげにかぶりついているのだという昂《たか》ぶりがやってきた。

入り口で自転車が停まる音が聞こえた。

ハンドルを握ったまま、馴染みのお客なのだろう、おじさんが半身乗り出して言う。

「一枚ちょうだい。あ、包まなくていいよ、すぐ食べるから」

奥さんに熱々をくるっと紙でくるんでもらい、風のようにテイクアウト。

栃尾にはあぶらげのドライブスルーがあった！

イノシシと花畑

思い浮かべると明日にでも行きたくなるのが、美郷町《みさとちょう》である。イノシシは獲《と》れているか。町役場の亮《りょう》さんは元気か。獣害対策研究の専門家、雅《まさ》ねえは変わりはないか。兼子《かねこ》さんを筆頭に、「青空サロン市場」の婦人会のみなさんにも会いたい。

島根県邑智《おおち》郡美郷町。かつては銀の輸送路、石見銀山街道の一部として栄えたが、いまは深刻な少子化と過疎化問題を抱える人口約四千五百人に満たない小さな町だ。公共の交通機関として集落をつないできた一両編成の三江線《さんこうせん》は平成三十（二〇一八）年に廃止された。美郷町を流れる一級河川、江《ごう》の川は、大自然の景観をつくりながらときとして氾濫、手のつけられない暴れ川に変わることがある。

鉄道も公立病院もホームセンターも高校もない町。じゃあなにもないかといえば、違う。まず、美郷町には、全国から注目を集める傑出した地域ブランド「おおち山くじら」がある。獣害対策として捕獲したイノシシを町内で精肉して「おおち山くじら」と名づけて販売し、ポトフやカレーなどの缶詰をつくり、革も自分たちでなめして加工、婦人会の面々がクラフト製品まで手がける。それまでさんざん苦しめられた獣害を逆転させ、町をあげて新しい可能性に挑んだ試み。私も、「おおち山くじら」に触発されたひとりとして、拙著『肉とすっぽん　日本ソウルミート紀行』（文春文庫）に、そのユニークな試みについてくわしく書かせていただいた。足を運んで取材したり、書いたり、手紙や葉書のやりとりをしたりするうち、しだいに縁が深まっていったのは、美郷町に暮らすみなさんのおかげだ。

会うひと、会うひとが物語の登場人物に見えてくる。それは、それぞれが自分のやりたいことをしながら生きているからなのだと、おつき合いを重ねながら少しずつ理解していった。あんなに憎かった害獣のイノシシがばらばらだった町をひとつに束ね、土地に暮らすひとびとに変化をもたらしていった希望の物語。いやいや、まさかそんなにうまくいくはずがない、いいところだけ見てきたんでしょう、と横槍が入るのもごもっとも。もちろん、希望の光を手に入れるまでには〝どろどろの人間関係〟を乗り越える長い長い話があるのだが、その一部始終は『肉とすっぽん』に洗いざらい書いた。獲ったイノシシを包丁片手にさばく青年からサルがやってこない畑づくりに精出すおばあさんまで、みんなが刺激的な物語のなかで生きている、ここはそんな町。

婦人会の面々の姿があるところ、うまいものがある。毎週水曜日の朝、県道沿いで開かれる「青空サロン市場」に行くと、ＤＩＹの長テーブルにこれでもかと持ち寄りの手料理が並ぶ。卵焼き、鍋ごと運んできたぜんざい、根菜と油揚げの煮染め、こんにゃくの田楽、おこわ、シチュー、おにぎり、白菜の漬物、りんご、柿、自家製パン……どれから手をつけていいのか迷いに迷っていると、隣のおじさんが話しかけてきた。

「これ全部、それぞれの家のもんや。遠慮せんとおあがりぃ。ここに来ると住民の安否確認がいっぺんでできると言うてな、役場の保健師さんも寄られるで」

「青空サロン市場」は情報交換と獣害対策の指導の場にもなっているらしい。ドスの利いた大きな声が響いた。

「みなさん！　教えた通りに柿の木の枝、ちゃんと早く切ってください。サルが出たら、な、わかってるかァ、サルが悪いんやないで。犯人は、そこに住んでる人間や！」

みんなにこにこしながら聞いている。

声の主は、美郷町の獣害対策を指導して目を見張る成果を出してきた第一線の研究者、雅ねえ。動物を害獣として扱ったり、やみくもに攻撃したりするのではなく、〝イノシ

シやサルやシカが来たくならない畑〞をつくるのが解決の近道だと説く雅ねえの存在は、婦人会を束ねるもうひとつの柱である。日本各地の獣害対策に手こずる土地の自治体に招かれて指導するときの雅ねえの口ぐせは「美郷町では、おばちゃんたちが自分の力でイノシシやサルが来ん畑をつくったんやで」「なんでもな、楽しくないとあかんねん」。

令和元（二〇一九）年十月に開催された「山くじらフォーラム」のあと、公民館での婦人会の活躍ぶりにも目を見張った。全国から参加者を集めて町ぐるみの試行錯誤を発表する「山くじらフォーラム」を終えたのち、町の公民館に移動すると、壁ぎわに連ねたテーブルに大皿がずらりと並ぶ。婦人会のパワーがここぞとばかりに炸裂していた。

小いもの煮っころがし。煎《い》りこんにゃく。根菜の煮染め。ポテトサラダ。唐揚げ。香茸《こうたけ》を混ぜたおにぎり。ちらし寿司。ゆでたブロッコリ。にんじんの甘煮。だいこんの甘酢漬け。かまぼこ。卵焼き。半分に切ったゆで卵の山のうえには、緑のもみじの葉を散らして飾ってある。大鍋には、具だくさんの豚汁。

ひときわ目を惹く大きな丸盆があった。ぎっしりすきまなく並んだいなり寿司。詰めた寿司

飯のほうを上にして、錦糸卵、酢漬けの生姜、黒ごまの三種類がちょん、ちょんと少しずつのせてある。可憐《かれん》な花がいっせいに咲いたようだと思ったら感情が高まってきて、その場に立ったまましばらく見つめた。

美郷町が恋しくなると、このいなり寿司の花畑もいっしょに蘇ってくる。

山のひと

朱のお膳《ぜん》の上に、おなじ漆塗《うるし》りの大小の朱い《あか》椀《わん》。それぞれに煮染め、和《あ》えもの、酢のものなどが盛られ、飯と汁がつく。「ほんこさん」のお膳である。

北陸を旅していると、「ほんこさん」「ほんこさま」という言葉をしばしば耳にする。初めて聞いたのは、奥能登の珠洲《すず》で宿を営む知人に「うちの料理の基本は『ほんこさん』のお膳や」と教えてもらったときだったが、そのやわらかな響きが耳の奥に宿った。福井では「おこうさま」とも言うらしい。

「ほんこさん」は報恩講《ほうおんこう》のこと。浄土真宗の宗祖、親鸞《しんらん》の祥月命日（旧暦十一月二十八日、新暦一月十六日）の前後におこなう仏事で、親戚縁者らが参会して仏法を聞き、ともに語り合いながら、報いるべきたくさんの恩について思いを馳《は》せる。このとき、女性たちが集まって「お斎《とき》」をこしらえ、みなに精進料理をふるまうのも古くからの慣習で、念仏を唱えることを禁じられて流罪に処された親鸞聖人にちなむ料理ともいわれる。小豆《あずき》を使う煮物は、親鸞聖人の好物が小豆だったから。椎茸の煮染めは笠《かさ》、ごぼうは杖《つえ》、厚揚げは草履に見立てて親鸞聖人の旅装束、というふうに。

石川県白山市《はくさんし》白峰《しらみね》でも、「ほんこさん」は日常生活からふるまい料理まで深く関わっている。やはり漆塗りの膳に煮染め、和えもの、酢のものなどをそれぞれ盛り込み、「ほんこさん」の勤行《ごんぎょう》を踏襲するのだが、煮染めに使うのは春先に塩漬けして保存しておいたうど、白峰名物の分厚くて大きな油揚げ、椎茸も欠かせない。雪解けを迎えるころには桑の葉、金時草、山菜などの天ぷら、秋には山中で採った舞茸の天ぷらを添えることもある。

白峰の長老が天然のきのこ採りについて語ってくれた。

秋の白峰で採るのは、なめこ、シロコケ、ヒラタケ、ぶなしめじ、舞茸など。雑きのこには手を出しませんという。

「なめこは、こうやって株に手を入れるとサクッと採れるけれど、でかい肉厚の舞茸はボクッと採れるんです。あの手応えはすごいよ。栗の木の下にはいい舞茸が出ます。大きな、姿かたちのいい舞茸を見つけると、もう有頂天ですよ。ほんこさんの煮染めにするときも、こう、うわっと高さが出るように盛ってね、かたちを誇る。採ったひとの自慢なんです」

長い冬を雪に埋もれて暮らす山のひとびとは、自給自足の知恵をふんだんに身につけている。いや、そうでなくては生き延びられなかった。雪解けの季節は、ヨモギ、モミジガサ、ハンゴンソウ、クワの葉、カタハ、ギボウシ、ぜんまい、こごみ、わらび、ウドなど。アザミには熊肉を合わせ、かつてはウサギ肉も貴重なタンパク源だったし、ウサギの毛皮は大事な防寒具にあつらえた。木々のあいだを巡って、くるみ、栗、栃、柿、山ぶどう。川に釣り糸を垂れればイワナ、アマゴ、ゴリ、鮎、マス。

白峰は連峰に囲まれた日本有数の豪雪地帯で、名峰白山の登山口としても知られるのだが、「山のひと」の誇り高い気配を感じる土地だ。かつて幕府直轄の天領だった歴史があり、江戸期になって標高八百メートルの山間の村に物資が行き交い、養蚕がさかんにおこなわれた。集落から離れた山のなかに住居を建て、農業や養蚕に従事する「出作り」や焼き畑農業も独自に培われた文化もある。歴史と山と人間が三位一体となった気高さといえばよいだろうか。

その土地でつくられてきたのが、堅《かた》豆腐と油揚げ。堅豆腐の名前の由来は、荒縄で縛っても型崩れしないくらい堅い豆腐だったことから。山仕事に出かけるとき、荒縄でくくってぶら下げて山道を進んだという。また、堅豆腐のつくり方は、豆乳だけを煮て搾り、大豆の甘みが強くなる「煮搾り」で、中国から伝来したもっとも古い製法を踏襲しているといわれる。

「『上野とうふ店』に行ってみなさい」

さきの長老に勧められ、桑島地域の「上野とうふ店」を訪ねた。

山沿いの道を走ると、ひょっこり現れる大きな看板。

「堅とうふ
あぶらあげ」

もう遅い午後だったから、ケースのなかに残っている堅豆腐はほんの数個しかなかった。興味しんしんで近づくと、きりりと立つ様子は石か岩のよう。白い直角は、分厚い本のそれに似ている。豆腐のイメージを一蹴する、水分のない偉丈夫。ケースの下の段に並ぶ正方形の油揚げも、やっぱりどっしりとして厚みがあり、見るからに重そうだ。ふてぶてしい佇《たたず》まいにお相撲さんを思い出す。

店主に訊くと、

「油揚げは、ふつうの豆腐よりニガリを強く打ってつくります。米油で三度手揚げしています」

やっぱり一筋縄ではいかない生地なのだ。いっぽう、やわらかい豆腐は、堅豆腐の型に入れて押す前、おぼろをすくい取って寄せた「くずしとうふ」を売る。味見してみませんか、と勧められ、出来たての温かいのをスプーンですくって食べさせてもらったら、ちょっと押しただけで崩れ去り、雲のようだった。

白峰で生まれ育った女性がつくるもてなし料理をいただいたことがある。朱塗りの椀に、小さく切って角張った豆腐がすっくと立つ。箸の先で割っても屹立《きつりつ》していた。一片を口に運ぶと、大豆の味がじわっと広がる。媚びも愛想もない、なんとはなしに誇り高い味。揚げの煮染めも、薄口醬油、酒、砂糖、昆布だしをたっぷり含んで堂々たる嚙みごたえだ。豆腐も油揚げも、白山の伏流水を使ってつくられる。

長老が言っていた。

「わたしら山の者は、とくにめずらしいものを求めちゃいないんです。その季節、その季節に食べられる少しのものを知っていればじゅうぶん満足。生きていけますから」

江戸から始まった

歌川国芳《うたがわくによし》の団扇絵《うちわえ》に「園中八撰花　松」（安政六年／一八五九年）がある。江戸の食卓を描くとても好きな浮世絵だ。

八人の酒豪を詠んだ唐代の詩人、杜甫《とほ》の「飲中八仙歌」にちなむ連作のひとつで、妙齢の女性が串刺しの天ぷらをひとつ持ち上げ、首だけ後方にひねって視線を送り、小さく手招きしている。思わず吸い込まれる愛らしい表情、藍《あい》と臙脂《えんじ》の色彩のコントラスト、人物を中央に配した大胆な構図……何度見ても感嘆のため息が出るのだが、魅惑の核心はなんといっても、右手でひょいと持ち上げた串刺しの天ぷら。当時は魚介を揚げたものを天ぷらと呼び、あなご、芝海老、こはだ、ぎんぽ、はぜ、貝柱、するめなどが具材に使われていた。絵のなかで、大皿から串に刺して持ち上げている天ぷらはふっくらとした魚一尾のかたちをしているので、たぶん芝浦で獲れたはぜあたり。

江戸では火事が多く、屋内で油を使うことが禁じられていたから、天ぷらは屋台で食べるものだった。お代は一個四文、そばは十六文。肩に手拭いをひっかけた兄ちゃんやお使いの途中の丁稚《でっち》小僧たちが、立ったままチョイとつまんだ。二本差しのお侍が手拭いで顔を隠して食べている風俗絵もあるから、屋台の天ぷらは、あまり品のいい食べものではなかったのだろう。でも、熱い油でこんがりと揚げた芳しい香りには、誰だって気を惹かれる。そうこうするうち茶屋や料理屋でお座敷天ぷらが登場するようになり、新参者の天ぷらは、しだいに江戸のひとびとの人気の的になっていった。この団扇絵「園中八撰花　松」にも、どこかの座敷で天ぷらに遭遇したうれしさが漂っており、絵師が、愛嬌いっぱいの女性に誰かを手招きさせたのにも、「そうですよね国芳さん」とうなずきたくなる。

江戸時代、油は新しい食材だった。油が普及してたくさん使えるようになったから「揚げる」という調理法が広まり、天ぷらという食べものが誕生したのである。

時代考証家、山田順子さんと話したとき、油が普及していった流れについてこう教えてくださった。

「じつは奈良時代、油で揚げるお菓子が唐《とう》や随《ずい》から伝わっているのですが、けっきょく一般には普及しませんでした。このころ使われていたのは荏胡麻《えごま》の油です。江戸初期になると、ごま油が使われはじめました。当時は、食材というより、灯明や行燈《あんどん》などに使う生活用品でした。ただし、武家や大店は油を使えたけれど、庶民は松ヤニなど燃やして使っていました。そのあと菜種油が普及し、江戸中期に入ると、庶民もやっと油を使えるようになります。江戸後期に入ると綿実油《わたざね》が使われはじめるのですが、油の種類も質も違うので、江戸初期と後期では、油で揚げた料理の色はずいぶん違っていて、色もどんどん白くなっていきます」

往時は、埼玉の岩槻や千葉の成田あたりで品質のいいごまがたくさん産出されていたらしい。関東周辺にはごまの産地が多かったから、江戸で天ぷらが広がっていったのもうなずける展開なのだ。とはいえ、油そのものが高嶺の花だったし、油の扱いに慣れているわけではなかったから、天ぷらの衣にしても、当初は黒っぽいのやら茶色、肌色……いろいろだったのだろうなあ。

よく知られる江戸後期の川柳にこういうのがある。

天麩羅のゆびを擬宝珠へ引ンなすり

擬宝珠《ぎぼし》は、橋の欄干《らんかん》などに取りつけられた飾りのこと。天ぷらの屋台は人出の多い場所に出されたので、往来のにぎやかな橋のたもとにも現れた。橋詰の天ぷら屋台で天ぷらを立ち食いしたら、指先がぎとぎとして油っぽい。そこで通りすがりに擬宝珠にこっそり指をなすりつけた、という行儀のよろしくない光景が目に浮かぶ。こうして考えると、油の精製技術もまた、天ぷらという料理の広がりに一役買っている。

　さて、わが油揚げは、「鎌倉時代に生まれた豆腐、室町時代に入ってきた油で揚げる調理法、両方が結びついて生まれた」と山田さんは言う。豆腐を揚げた料理が文献に初めて登場したのは、応仁の乱の前ごろに書かれた『尺素往来《せきそ》』という書物だそうだ。最初は支配層の一部だけが食べていた豆腐の揚げものが、江戸期に豆腐や油が普及するにつれて庶民生活に浸透してゆく。だから、油の普及、油揚げの広がり、ふたつは足並みを揃えているというわけ。ただし、最初のころは油の製法も進歩していないから、匂いがきつく、油臭かった（茶屋のお座敷天ぷらでは、床の間に飾ってある掛け軸や座敷に油の臭いが移ることに閉口し、ごま油のかわりに椿油が使われていたこともある。椿油で揚げると、臭みが少なく、卵の黄身を入れた衣の生地の場合は金色に揚がるので人気を博し、これを高級天ぷら「金ぷら」と呼んで区別した）。何度も油抜きをしなければ食べられたものではなかった当時のどんより黒っぽい油揚げを想像すると、申し訳ないがちょっと笑ってしまう。いまだって、（うわあ、これは……）と尻込みしたくなる油揚げに遭遇することがごくたまにある。

　ところで、豆腐や油揚げはいったいどのくらいの値段で売られていたのだろう。がぜん知りたくなり、図書館で『江戸風俗図誌　第六巻　江戸物価事典』（小野武雄著　展望社）という一冊を見つけ、めくってみた。

「食品（三）」の項目のなかに、こんな記述が見つかる。

豆　腐

京坂は、江戸に比べて小形。
京都では一丁以下は売らず。一丁十二文、半丁十六文＊原典ママ
大阪では半丁でも売る。
価は一丁十二文、半丁六文
江戸では大形であり、竪一尺八寸、横九寸の箱で作った豆腐を十丁に斬（切）る。
一丁　五十六文〜六十文
四半丁（四分の一）十四文〜十五文
しかし、原料豆の時価により多少の前後があった
豆腐屋与八の安売
江戸箔屋町の豆腐屋与八は、豆腐の形を大型に切って五十二文に売った。他店より四文安かった。それゆえ天保十三年（一八四二）二月、奉行から表彰された。

焼豆腐・油揚豆腐

どちらも　価一箇　五文

がんもどき（飛龍子）

価　一箇　八文〜十二文

蒟蒻
京坂　一箇　二文
江戸　一箇　八文

土地が違えば豆腐の形も重さも違う。江戸で売られていた豆腐はずいぶん大きかったようだが、これは豆腐づくりに使われていた道具のサイズによって規定されたものではないかしら。豆腐屋与八が、ほかの店より大きな豆腐を安く売って表彰されたという記述がおもしろく、微笑ましいのだが、それだけ豆腐が食生活のなかで重要な位置を占めていたし、求められていたということがわかる。油揚げの値段は豆腐一丁の約十分の一の安さだったと知ってびっくりしたけれど、それだけ豆腐のサイズが大きかったからなのだろう。いっぽう油揚げは、薄い、軽い、崩れない、運びやすい、豆腐に比べて日持ちもする……なにかと扱いやすい。豆腐は豆腐、油揚げは油揚げ、それぞれがべつべつの愛されかたを深めるとともに、料理の幅も広がっていく。

ページをめくり、菓子、うなぎ、どじょう汁、茶屋、うどん・そば、そうめん、鮨……と項を読み進んでゆくと、『守貞謾稿《もりさだまんこう》』からの引用として、いちばん最後の文は突然こんな締めくくりだった。

天保末年、江戸にて油揚げ豆腐の一方をさき、袋形にして、木茸・干瓢等を刻み混えた飯を納めて鮨として、専ら夜売り歩いた。その行燈に鳥居を描き、稲荷鮨・篠田鮨と称した。

油揚げは狐の好むもの、狐は稲荷、また、しのだの森の狐、よってこの名がある。

また驚いた。

「食品（三）」の最後にいきなり、いなり寿司が登場している。

油揚げを甘じょっぱく煮て、そのなかに具入りの酢飯を詰めたいなり寿司は「天保末年」に誕生した。ほかの文献をあたってみると、行灯に赤い鳥居を描いて売り歩いたのは幕末の嘉永年間、江戸の十軒店の稲荷屋治郎右衛門だったという。ありきたりの振り売りより、行灯に描かれた赤い鳥居の絵は信心の気持ちも触発しただろうから、稲荷屋治郎右衛門には商いの才覚があった。

山田さんとこんな話もした。

私　油揚げがいなり寿司に姿を変えて画期的な躍進を遂げるわけですけれど、い

山田さん　なり寿司が現れたことで寿司文化にも幅が出たようなところがありますね。江戸のお芝居は、だいたい朝昼晩と食事を食べるんです。早朝、まず芝居茶屋で軽い朝ごはんを食べ、六時くらいから芝居を見はじめ、お昼に食べるのが幕の内弁当。で、終わるのが五時とか六時。お腹が空くから、その前の時間か終了後に何かつまむ「小腹《こばら》」という文化があって、助六弁当というものができたんです。だから、助六はお昼じゃなくて、夕方食べる「おやつ」。持ちかんぴょう巻きといなりは、ちょっと小腹に入れるにはちょうどいい。持ち帰りもできるし、日持ちもするし。

私　江戸期に歌舞伎という娯楽が生まれ、幕の内弁当が現れ、助六弁当ができた。庶民文化の広がりの中に、油揚げがちゃんと関わっているんですねえ。

山田さん　そこに介在するのが醬油と砂糖、いなり寿司の普及とセットなんです。どうも、初期のいなり寿司は、わさび醬油をつけて食べたようなんですよ。それが砂糖と醬油が普及し、油揚げを甘辛く煮るってことを誰かが考えたんでしょうね。そばにしろ、蒲焼にしろ、砂糖と醬油の普及が日本料理を大きく進歩させていますから。そういう意味では、いなり寿司も甘辛い味になって急においしくなり、さらなる普及につながったんじゃないかと思います。

私　甘辛い「江戸の味」とくっついたことが、油揚げの普及をぐっと後押しした。

山田さん　そうですね。油揚げは買っておくと重宝するし、毎日でも売りに来る。何度も油抜きすることで〝肉感〟が出るし、煮物に入れるとコクも出ますから。

私　豆腐は淡白だけど、労働者や庶民は体力を使うから、脂肪分が欲しい。油揚げには、おのずと味覚に訴える力があったのだと思います。もともとの出自は豆腐だけれど、圧《お》しをかけて揚げれば、食べごたえという点でまったく違ってくる。その意味でも、油揚げは生活感のある味なんですよね。

山田さん　冷や奴など豆腐はそれ単体で食べられるけど、油揚げはそのままじゃまず食べないでしょう。だから、常に調味料との和合によって発達してきた素材なのかなと思いますね。

私　そうですね。油揚げは、調味料も文化も、みずからどんどん吸収し、発展していった。時代を超えて生き抜いてきたたくましい存在に見えてきます。

山田さん　本当に。調味料の歴史をぜんぶ吸い込んで、油揚げの歴史ができた感じですね。で、油揚げが入ることで、煮〆の大根や里芋だって、おひたしの小松菜だって、素材の価値がワンランク上がる。それがたった百円で買えるってところが、庶民にとって大きな魅力じゃないですか。

私　こうして話していると、自分が油揚げに対して抱いている思いと、江戸のひとびとが油揚げに感じていた魅力がそれほど離れていないような気がしてき

山田さん　ます。油揚げを通じて、江戸と近い感じがしてうれしくなります。はい。わたしたちと同じ魅力を感じていたと思いますね。すごく頼りになる食材だと。今みたいに肉に頼れない分、江戸のひとびとは油揚げとなかよく付き合っていた。

私　豆腐が進化しただけのことはある。やっぱり、噛みしめることができるって大きいんだな、と。

山田さん　油揚げはさすがに、よく噛まなければ飲み込めない。しかし、きつねうどんってのは、じつに偉大な存在ですねえ。油揚げ一枚入るだけで、すごく豪華。厚い揚げが一枚ドーンとのっているのを見ると、「今日はお前を食べてやるからな」って、油揚げと対峙する気分になりますものね（笑）。

話しながら、山田さんの呼吸には江戸という時代の呼吸がそのまま息づいていると感じていた。高校生のころから時代考証家を目指していたという山田さんは、たくさんの文献を渉猟するだけではなく、時代に流れる空気、男女の所作、会話のリズム、衣服の着かた、往来をそぞろ歩く姿、あるいは箸の上げ下ろしにいたるまで自分の身体のなかに納めている。だからこそ、「調味料の歴史をぜんぶ吸い込んで、油揚げの歴史ができた」という言葉が出るのだろう。

こうして江戸の油揚げについて書いていたら、「園中八撰花　松」で描かれた女性が手招きする先に山田さんの姿が見えるような気がしてきた。その隣に、私もいっしょにいたい。

ユリイカ！

ちょうちんブルマーを知っていますか。

黒い木綿《もめん》の生地で、ウエストは脇を留めるホック式になっていて、丈《たけ》は太ももくらいまでの長さ。お尻のあたりがふわっと広がって丸く、裾《すそ》は絞ってあるので、名前の通りちょうちんに似ている。体育の授業のときは木綿の白シャツとちょうちんブルマー、運動会のときは頭に赤い鉢巻きを締めた。このちょうちんブルマー時代は小学二年か三年生あたりまで続いたが、いっぽう男子の体操着は、女子とおなじ白シャツと白い短パンの組み合わせが最初からずっと変わらなかった。

ブルマーには、そもそも誕生の背景にジェンダー問題が色濃く絡んでいる。

洋の東西を問わず、女性の衣服は長いスカートで足を隠すのが常識だったところへ、一八五〇年ごろ、アメリカで短いスカートとパンツを組み合わせる画期的なスタイルが登場した。発案者は、アメリカ人の女性解放運動家エリザベス・スミス・ミラー。当時の図版を見てみると、スカートは膝《ひざ》くらいの位置でカットされ、その下にプリーツ仕立てのパンツ（トルコ式パンツと呼ばれたらしい）を合わせている。ウエストをコルセットで締めつけたり、足もとに生地がまとわりつくドレスが主流だった時代、足さばきのよさ、下半身の動きやすさは度肝を抜く最新のファッションだっただろう。もとはスイスの結核療養所で患者が着ていたパジャマから着想を得たスタイルらしいのだが、フェミニズムの機関誌『リリー』にこのニュー・ファッションの提案が掲載されると、動きやすさを求める農家や工場勤めの女性たちから支持の声が上がりはじめ、おなじ女性解放運動家のアメリア・ジェンクス・ブルーマーの名前にちなんで「ブルーマー」と呼ばれるようになった。当初、男性たちから「美しくない」「フェミニンじゃない」とさんざん悪口を言われて批判や嘲笑にさらされたけれど、いつだって当事者のナマの声ほど強いものはない。「美しい」という概念には多分に他者の視線が存在しているけれど、「快適さ」「機能性」は当事者の意識によるものだ。

こうしてブルマーは女たちの衣服の自由度を押し広げ、十九世紀末、自転車ブームが到来すると、サイクリング、テニス、乗馬ウェアとして注目を集めるようになり、女性のスポーツファッションとしても認知されるようになった。

ブルマーをめぐる過去のあれこれを知ると、では、欧米でじわじわと支持を集めていったブルマーがどのようにして日本に入ってきたのか、その背景も気になってくる。

井口阿《いのくちあ》くり、明治三（一八七一）年、秋田県生まれ。教育学者で、日本にスウェーデン体操をもたらした女子体育の母とも呼ばれる体操家が、日本にブルマーをもたらした人物だ。勤王士族の娘として女子師範学校で高等教育を受けた阿くりは、二十九歳のとき文部省から命を受け、官費留学生としてアメリカに渡る。ボストン体操師範学校に入学し、アメリカで女子体操をめぐる最先端の勉学を修めたのち、明治三十六（一九〇三）年帰国。約三年間のアメリカ留学中、彼女はブルマーをはいて運動する活発な女性たちの姿を目の当たりにしていた。折りしも日清戦争に大勝していた日本では、欧米列強と伍《ご》していくための体力増強が求められ、国策として男性社会を支える良妻賢母教育が推し進められるなか、阿くりが明治三十九（一九〇六）年に、文部省に提案したのが、上半身はセーラー服、下半身はニッカボッカに似た膝丈のブルマーである。そうだったのか、日本におけるブルマー誕生は富国強兵と結びついていたのかと知ると鼻白むけれど、ともあれ、これが日本におけるブルマーの第一歩だ。

　女子の体操着として導入されたニッカボッカ式ブルマーは、しだいに長さやボリュームが削ぎ落とされ、黒い木綿生地のちょうちんブルマーに落ち着いた。いま思いだしたのだけれど、私がちょうちんブルマーをはいていた昭和三十年代の終わりごろから四十年代のはじめ、道ばたで女の子たちがゴム跳び遊びをするときは、下着のパンツのゴムの内側にスカートの裾を挟んでたくし込んでいた。誰に教えられたわけでもなかったが、それは、スカートをそのままちょうちんブルマーに早変わりさせる知恵と創意工夫。足を高く宙に上げてゴムを跳んでもパンツが見えない即席ブルマーは、日本の女の子がおこなった路上の発明である。誇らしい。

そのあと、ちょうちんブルマーと入れ替わって密着型の黒ブルマーが現れた。ぴっちりフィットする伸縮性のあるパンツ状の一枚は、見ようによっては鉄腕アトムに似ていて動きやすかったけれど、ぴっちりお尻のかたちが露出するから体型の違いがはっきり出てしまう。東京オリンピックで旧ソ連の女子バレーボールチームの選手たちがはいていた姿に人気が集まって広がったともいわれているけれど、真偽のほどはわからない。全国中学校体育連盟がこれを採択し、しだいに全国各地の学校に普及してゆくのだが、製造元がもともと水着を生産する工場だったから伸縮性のあるナイロン生地が使われたという話もある。身体にフィットするという点ではたしかに動きやすかったけれど、思春期の女の子にはお尻の形や太ももが丸出しになるのは気恥ずかしく、学年が上がるにつれて不公平で理不尽じゃないかという気持ちがもやもやと湧くようになった。どうして女子だけ、ぴったりお尻にくっつく黒いパンツをはかなきゃいけないんだろう。でも、ほかに選択肢がなかった。

ブルマーがショートパンツやハーフパンツに変わったのは、一九九〇年代に入ってからのようだ。ようやく教育現場にセクシュアル・ハラスメントやジェンダーの概念が導入され、男女差をなくそうという社会的な意識の変化がブルマーの歴史に終止符を打ったのである。ジャージと呼ばれる上下揃いの体操着が広がっていったのも、その流れを汲むものだろう。うっすらとした羞恥の感情がまとわりついていた黒パンツが駆逐されたのは喜ばしいけれど、かつて先頭に立って時代を切り拓いた女性たちの存在がブルマーの背景にあることを知ると、奇妙な愛着心が刺激されたりもする。

さて、ここまで長々とブルマーの変遷《へんせん》について書いてきたのには理由がある。突飛な話かもしれないが、いや、そうとう強引な話なのだが、ブルマーと油揚げの油抜きは似ていると思うのだ。ほかに選択肢がない、しなくちゃいけないと思い込むと、いつのまにか足が止まってしまうという意味において。

異口同音に訊かれたことが何度もある。

「あのう、油揚げの油抜きはしますか」

「油抜きは一度じゃ足りないと聞いたことがあるのですが、本当なんですか」

「油抜きをしないと、やっぱり料理はまずくなりますか」

おずおずと遠慮がちに訊ねられるたび、そのひとの手をぎゅっと握りしめたい衝動に駆られる。そして、言いたくなる。

女たちよ、あなたも油抜きの呪縛につかまってきたんですね。私もです。

二十代のころ、あるとき気がついたら「油揚げは熱湯をかけて油抜きをする」という思い込みが刷り込まれていた。母や祖母に、こうしろと言われた記憶はないから、家庭科の授業か料理の本、あるいはテレビの料理番組で見聞きしたのかもしれない。自分で炊事をするようになったときには、豆腐は四角く切るもの、ほうれんそうの根は切り落とすもの、りんごはくし形に切るもの……さまざまな思い込みに支配されていたけれど、そのうちのひとつが「油揚げは熱湯をかけて油抜きをするもの」。

油揚げを使うときは、もれなく油抜きのひと手間がついてくる。だから、油揚げは少し面倒な食材だという気持ちがずっと拭えなかった。「手抜き」という言葉にこびりついている罪悪感に脅かされた時代でもあった。刷り込み、思い込みは、自分が考える以上にやっかいで、当時私は、豆腐と油揚げの味噌汁をつくるときも、いったん熱湯を沸かして油揚げにかけ回す作業を自分に課していた。油揚げが吸った湯を絞るときは、自分の指を使うと火傷《やけど》する（その直後の油揚げはものすごく熱い）ので、菜箸《さいばし》でねじって畳んで湯を追い出す技も自主学習した。

数年が経った。台所に立って油揚げを持ったとき、不意に「あれ?」と思い、星が飛んできたのである。

油抜きは、してもしなくても、どっちでもいいんじゃないか。

ユリイカ!

数学者アルキメデスが、王冠が純金かどうか確かめる方法を入浴中に思いついた瞬間に叫んだ言葉「ユリイカ」（わかった!）。発見のうれしさのあまり町中を裸で走り回ったアルキメデスの興奮になぞらえたいくらいの、呪縛からの解放。つかんだのは、選択肢が自分の手のなかにある快感だった。

油揚げとの距離が一気に縮まったのは、その日以来のことだ。面倒なひと手間を要求してくるやっかいな存在ではなく、自分の裁量ひとつでなんとでもできるもの。くるりと変わったのは油揚げではなく、自分自身なのだった。でも、それまでの自分が愚かだったとは思わない。いちいち熱湯を沸かす面倒くささや重圧にうんざりしていたからこそ、空中ブランコから宙にスカッと跳んだ「ユリイカ！」の叫びがあった。

ふだん油抜きはしない。ただ、いなり寿司をつくるときは、油抜きは欠かせないひと手間だ。そもそも熱湯で煮ておかなければ味の染みこみ具合が天と地ほども違うから、このときばかりは喜んで小鍋に湯を沸かし、熱い湯のなかでことこと油揚げを煮る。こざっぱりと油を落とし、ひとっ風呂浴びたあとのしんなりした油揚げの顔つきは、眺めているだけで平安な気持ちになる。

そんなわけで、紆余曲折の物語がたくさん貼りつく恥ずかしの黒ブルマーも、いまとなっては穿《は》いておいてよかったと思っている。

今日もミナミ

柳吉《りゅうきち》はうまい物に掛けると眼がなくて、「うまいもん屋」へ屢々《しばしば》蝶子《ちょうこ》を連れて行った。彼に言わせると、北にはうまいもんを食わせる店がなく、うまいもんは何といっても南に限るそうで、それも一流の店は駄目や、汚いことを言うようだが銭を捨てるだけの話、本真《ほんま》にうまいもん食いたかったら、「一ぺん俺の後へ随《つ》いて……」行くと、無論一流の店へははいらず、よくて高津《こうづ》の湯豆腐屋、下は夜店のドテ焼、粕饅頭《かすまんじゅう》から、戎橋《えびす》筋そごう横「しる市」のどじょう汁と皮鯨汁《ころじる》、道頓堀相合橋《どうとんぼりあいおいばし》東詰「出雲屋《いずもや》」のまむし、(中略)何《いず》れも銭のかからぬいわば下手《げて》もの料理ばかりであった。(『夫婦善哉《めおとぜんざい》』織田作之助著　新潮文庫)

昭和十五(一九四〇)年に発表された織田作之助の代表作『夫婦善哉』の一節である。化粧品問屋の息子柳吉、もと芸者の恋女房蝶子がたくましく生きる姿を描く人情話なのだが、商いを転々としながらいっこうに腰が据わらない柳吉の気に入りは「南」、つまりミナミ。うまいものを嗅ぎ分ける才覚と浮かれ気味の気性が活写されている。

いまも、ミナミはひとを浮かれさせる街だ。猥雑で、おもちゃ箱をひっくり返したみたいにがちゃがちゃ落ち着かず、むやみにエネルギッシュ。弱っているときに足を踏み入れると元気を吸い取られそうになり、早々に逃げ帰るはめになる。いっぽう、なにかうまいものを腹に収めたいときはミナミほど頼りになる街はない。

たとえば、難波《なんば》界隈《かいわい》。なんば駅を中心にして髙島屋あたりから道頓堀橋あたりにいたるエリアには「うまいもん屋」がごっそりある。千日前《せんにちまえ》商店街、織田作之助ゆかりの「自由軒」のカレーは健在だし、行列の絶えない肉まん「551蓬萊」、老舗《しにせ》のかまぼこ「大寅《だいとら》」、洋食「重亭《じゅうてい》」も目と鼻の先。道頓堀方面には「はり重《じゅう》カレーショップ」、串焼き「たこ政《まさ》」、かやくごはん「大黒《だいこく》」、法善寺水掛不動尊近く「アラビヤコーヒー」もすばらしきコーヒー専門店だ。いずれも確かに「うまいもん屋」だけれど、それ以上に、ミナミの精気を吸って呼吸する生きもののような存在である。

この界隈で食べると、ミナミの気配がじゅんわりと染みるのがきざみうどん。そもそもきざみうどんは、大阪や京都以外ではお目にかからない。細く切った薄揚げをのせるのが、きざみうどん。甘辛く炊いた油揚げをのせるのが、きつねうどん。おなじお揚げのうどんでも、大阪ではきざみときつねを食べ分けるし、きざみの場合、切った薄揚げをそのままうどんとつゆを張った丼のなかにのせる店もあれば、刻んだ揚げをつゆでさっと煮てからのせる店もある。いずれにしても、細く刻んだ薄揚げがしだいに熱いつゆを吸い、しんなりへろへろとやわらかくなったのをつまみながら食べると、一杯のうどんにほどよく緩急がつき、食べ心地はさっぱりとして軽い。

難波には、うまいうどん屋がいくつもある。まっさきに名前が挙がるのは、道頓堀の柳が「おいでやす」と手招きする「道頓堀　今井」だろう。〝だしを食べるうどん〟と名高いこの店のきざみうどんは、手揚げの薄揚げにだしを含ませたもので、地味ながら、だしを味わうにはもってこいの一杯だ。かたや、屋台に毛が生えたような気安いうどん屋があちこちに林立して気を吐くのも、難波。交差点を渡った先、路地の角、商店街の途中、あちこちでうどん屋の暖簾に遭遇する。店の奥に視線を遣ると、丼片手にうどんを啜《すす》るひとがカウンターに連なっている。東京でもこの風景はあちこちで……と思ったら、立ち食いそば屋なのだった。〈東はそば　西はうどん〉を地でゆく。もちろん、どの店の品書きにもかならずきざみうどんの一行がある。

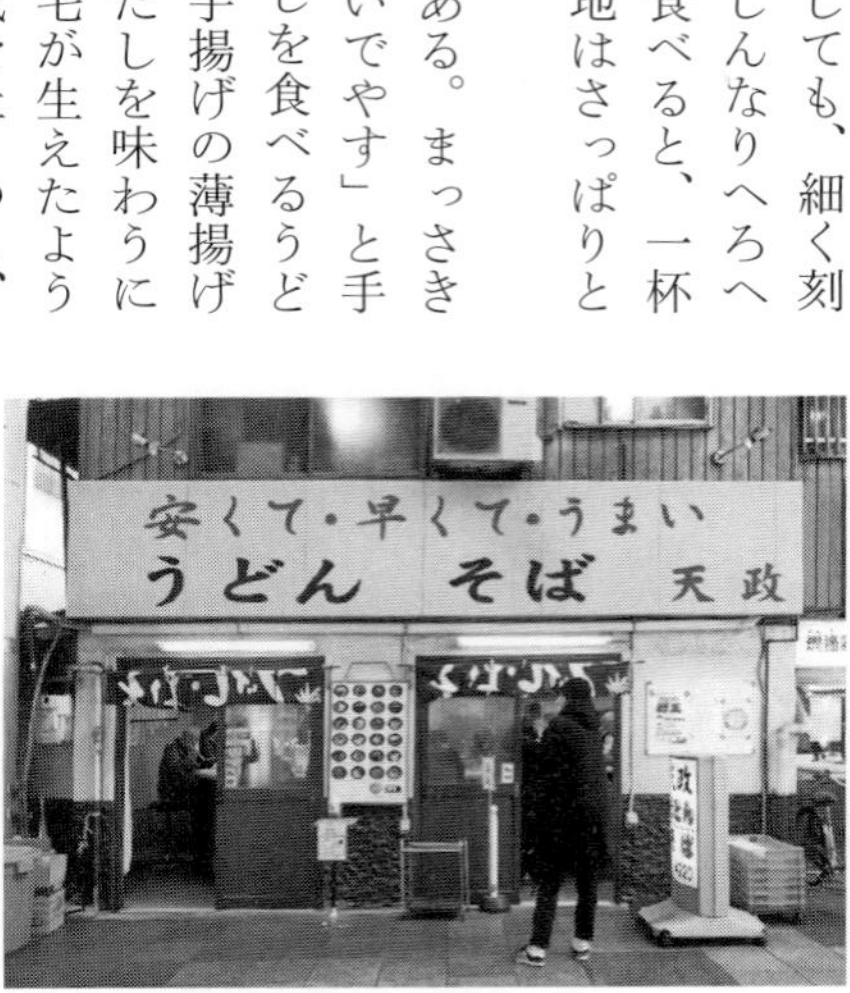

千日前商店街、「自由軒」のすぐ近くに、界隈では知らない者がいないうどんの店「天政」がある。

目印の黄色い大看板にでかい文字。

「安くて・早くて・うまい
うどん　そば　天政」

キャッチフレーズに偽りはない。うどん二百六十円、きつねうどん、きざみうどん、いずれも三百円台。ミナミのどまんなかでこの安さに驚かされるが、安さと味のバランスに大阪の「うまいもん屋」のプライドがある。長らく二百円ぽっきりだったらしい。

難波のホテルに泊まったとき、朝九時前に寄ってみたことがある。開店時間は朝八時四十五分、これから仕事にでかけるひとの味方だが、場合によっては酔い覚ましの熱い一杯というお客もいるのだろう。

大きなコの字型のカウンター、内側には素通しの厨房。きざみうどんを啜っていると、入れ替わり立ち替わりお客が出入りする。

ふたり続けて、注文がおなじだった。

「きざみちょうだい。かやくもつけてな」

あっさりと淡白なきざみ、しっかり味のついたかやくごはん、大阪の庶民の胃袋をがっちりつかむ名コンビだ。

店を出ると、寒波の押し寄せる冷え込みのきつい朝、ほっかりとぬくい胃袋がうれしかった。コートのポケットに手を入れてホテルに戻りながら、南海電鉄なんば駅すぐ近くの「なんばうどん」の前を通りかかると、やっぱり朝からにぎわっている。ここでもやっぱり、きざみうどんは欠かせない。

締めくくりに、かつての大阪の職人の日常を聞き書きした一節を紹介したい。

大将の機嫌のいいときは、間食としてうどんをつくる。うどんは午後三時ごろ、綾之町から「うどーんの玉」と肩曳き車で売りに来る。家族が多いので、一せいろ(うどん玉二〇個くらい)買う。だしは、くさくない淡路島のだしじゃこと醤油でつくる。醤油は堺の山の口筋の材木町あたりに造り醤油屋がたくさんあり、「五」のつく日に割引があるのでそれを買っておく。具は、短冊にきざんだ薄揚げとねぎ。(『日本の食生活全集27 聞き書 大阪の食事』農文協「堺刃物鍛冶の四季の仕事と食べもの」)

機嫌のいい大将がこしらえる、ちゃちゃっと刻んだ薄揚げの入ったうどん。きざみうどんは、すっぴんの油揚げの独壇場である。

よもだの精神

松山市内の繁華な大街道《おおかいどう》を抜け、銀天街《ぎんてんがい》に入ってすぐのところに細い路地がある。裏通りの気配がしっとり流れる路地のたたずまい。赤い看板文字がひときわ目立つ。

「鍋焼うどん　アサヒ」

鮮やかな赤い店名は、きっと朝日の色なんだろう。

もうじき午後一時半、がらがらと引き戸を開けて店のなかに入ると、温まった空気のなかについさっきまでの混雑の余韻があった。たぶん、混雑の大波が退いたばかり。昼どきには店の前に行列ができているのを何度も見かけたことがある。

奥まったところの空いた席に座った。四角い椅子の座面のクッションも、やっぱり朝日の赤。品書きの短冊も変わらない。

鍋焼うどん　八百八十円
鍋焼玉子うどん　九百五十円

いなりずし　一皿　三百円
コーラ・サイダー　一ケ　百五十円
烏龍茶・ゆずジュース　各　二百円

初めてここに来たころは五百円でお釣りがきたような覚えがあるけれど、それも二十年以上前のこと。私の連れ合いは松山育ちで、十代のころ、学校帰りに鍋焼きうどんを食べに来たよと言う。松山で鍋焼きうどんといえば「アサヒ」「ことり」の二軒だが、とくに店を決めもせず、あっちよりこっちと贔屓《ひいき》を言い立てることもなく、そのときどき「アサヒ」か「ことり」、どちらにも行ったらしい。あえて比較すれば、当時から「アサヒ」は甘め、「ことり」はいりこのだしの風味が利いていた。値段は？　と訊いてみると「百円もしなかったよ。三十円とか五十円とか」。もっとも、これは昭和三十年代の話。

エプロン掛けの女性が注文を取りに来た。

「玉子入り、お願いします」

「はい。ちょっとお待ちくださいね」

できますものは鍋焼きうどんひとつ。玉子のあるなしを選ぶのだが、たいていみんな玉子入りを頼んでいる気がする。白いうどんのまんなかに、むら雲のようにやわらかくとじた白身がかかり、さあ、どのタイミングで半熟の黄身に手をつけようなんて思いながら箸でうどんを持ち上げ、ふうふう啜りこむ。

斜め向かいの席、おじさんが食べている鍋焼きうどんの隣にいなり寿司の皿がある。つんとてっぺんが尖った三角のいなり寿司。とても惹かれたけれど、朝ごはんも遅かったことだし、今日は我慢しようねと自分に言い聞かせた。

待つあいだ、壁に貼ってある手書きの紙を眺める。

墨で大きく書いた素朴な字を読む。

まだ甘い物が貴重品だった昭和二十二年に
曾祖父の考案で　アサヒの鍋焼きは誕生しました。
時代は流れても　平成の今日まで
懐かしの味を　皆様に…

空襲に見舞われて市街地の大半が焼けた松山に、戦後まもなく、鍋焼きうどんの店が相次いで誕生した。それが「アサヒ」と「ことり」。どちらの店も自分の味を引き継いで令和の今日まで。どっちがうまいとか、そういう世知辛い話ではなく、二軒が双璧となって松山のうどんを盛り立ててきた。

鍋焼きうどんといえば真冬の風物詩だけれど、松山では、春夏秋冬いつでも鍋焼きうどん。背広にネクタイのおじさん、子連れのお母さん、学生服の男の子、おじいさんおばあさん、そこへ旅の者も混じって肩を並べる光景は、駅の待合室みたいで好もしい。

アルミ製の素朴な薄い鍋が、味の立役者である。それこそ昭和の遺産のような垢抜けない鍋で、取っ手にはおおきな耳ふたつ、黒いベークライトのつまみがついたふた。鍋ごとそのままコンロの火に掛け、中身が煮えたら耳に布巾をあてがって持ち、テーブルに運ぶ。軽くて丈夫、あっというまに火が通って熱くなるから、手間いらずの簡便な調理道具であり、うつわでもある。私は、生まれ育った倉敷で何度もおなじアルミ製の鍋を見たことがあるから、西日本では一般的な道具だったのかもしれない。調理道具にも、日本地図はある。

うどんは、ふんわりとコシがない。すぐ隣の香川のさぬきうどんとは、どうしてこれほどまで、と首をひねりたくなるくらい世界が違う。熱い取っ手に触らないよう注意しながら、箸の先を差し入れ、金色のつゆのなかからすべすべのうどんをそろそろと引き上げ、お餅みたいだなとも思う。

コシのないうどんのやさしさが染みる。食べればたちまち滋養になる親身なうどん。「アサヒ」の鍋焼きうどんにのせてあるのは、牛肉、ちくわ、油揚げ、かまぼこ、さつま揚げ、刻みねぎ（「ことり」の鍋焼きうどんは、牛肉、油揚げ、なると、卵焼き、刻みねぎ）。醬油と砂糖で煮てある牛肉と油揚げが、とても甘い。いりこだしと昆布のつゆも甘い。まるでお菓子みたいなうどんなのだが、「甘いものが貴重だった時代、あの甘いつゆがうれしかった」と、昔日を振り返って連れ合いが言う。

時代が求めた味が、鍋焼きうどんのなかにはある。その味を、時代から取り残されたアルミの鍋に託してつくり続けるところに松山人の精神を感じる。

松山には「よもだ」という独特の言葉がある。この方言の意味を説明するのはとてもむずかしい。あえて言えば「ひょうきんで、少しふざけていて、苦境にあっても悲観的な顔を見せない。あきらめず、柔軟さ、強靱さを併せ持つ精神のこと」となるだろうか。豊かな知的土壌が培われているのも松山の特徴だが、正岡子規、高浜虚子、河東碧梧桐、中村草田男、早坂暁、洲之内徹、大江健三郎、あるいは教師として松山中学に赴任した正岡子規の友人、夏目漱石……「よもだ」の系譜は、文学や美術の分野にも通じているように思われる。

映画監督、伊丹万作《いたみまんさく》もそのひとりだ。松山に生まれ育った伊丹万作が、大正十五（一九二六）年、松山に帰ってきておでん屋をはじめたことがあると知ったときは、とても驚いた。松山中学校を卒業して上京、独学で絵の勉強をはじめ、小説誌や少年雑誌などで挿絵を手がけるのだが、二十五歳のとき絵筆を捨て、いよいよ追い込まれて松山に帰省する。地もと松山の仲間といっしょに三番町でおでん屋「瓢太郎《ひょうたろう》」を開業するのは二十六歳のとき。ところが、行き当たりばったりの若い思いつきが災いしたのか、商売下手だったのか、その翌年、おでん屋に失敗して無一文になった。万作の孫で、伊丹十三の次男、池内万平さんと話していたとき「素材の質に凝りすぎたらしいです」と苦笑いしながら教えてくれた。

　伊丹万作の詳細な年譜に目を通していたとき、偶然このエピソードに触れて画業とのギャップに仰天したけれど、「よもだ」の精神に思いを馳せれば、すんなりと理解できる気がしてくるのだった。じつはこのとき、経済的に破綻した伊丹万作がしばらく居候《いそうろう》したのが、松山市内にある私の連れ合いの実家だったと知って、またもや腰が抜けるほど驚いた。なんというご縁でしょう。そして万作二十七歳、起死回生をかけて松山を離れ、京都に

出て映画監督の道を歩みはじめる。

「アサヒ」や「ことり」の鍋焼きうどんにも、そこはかとなく「よもだ」の精神を感じると言うと、叱られるだろうか。甘いお揚げ、甘い牛肉、甘いつゆ、甘いさつま揚げ、やわいうどん、とろりと煮えた半熟の玉子……鈍い光を放つアルミの鍋のなかで肩を寄せ合いながら湯気を立てるさまはほのぼのとしてユーモラス、太陽のように明るい。

三杯のうどん

祖谷渓《いやけい》からの帰り、山中にあるという「谷川米穀店《たにかわ》」に向かった。徳島に近い香川県境、仲多度《なかたど》郡まんのう町、土器川上流の谷川のほとりにあるというどん屋である。「うどんの聖地だから、かならず寄れ」と友人に厳命されていたから、旅の道中、田んぼの風景をきょろきょろ見回しつつ速度を落としながら県道を走った。

土器川の土手のほとり、きっとあそこだなと見当がついた。

平日の昼なのに十数人の行列ができているので怖じ気づいたけれど、尻尾についていると、五分ほどで屋内にたどり着く。一歩入って、驚いた。おじさんたちが一心不乱に生地を延ばし、切り、うどんをゆでている。勝手がわからずどぎまぎしたが、前のひとに倣《なら》って入り口で注文を告げると、おばちゃんがにこにこ丼を手渡してくれた。いきなり視界に飛び込んできたひと繋がりの光景に、「谷川米穀店」のうどんのすべてがあった。

うどんは、「ぬくい」と「つめたい」、ふたつだけ。テーブルに醤油、酢、七味、柚《ゆず》こしょう、自家製の青唐辛子の佃煮、ねぎが置いてあるので、好きなように使って食べる。私は、小さい「ぬくい」に生卵、青唐辛子、ねぎ、醬油をちょろりとかけ回した。

打ちたてのうどんがもちもち、むっちりと唇に吸いついてくる。のどかな店内に響く、うどんを啜る音。隣の席のおじいちゃんの食いっぷりは圧巻だった。小さい「ぬくい」をわずか三口でズッ、ズッ、ズッ、と平らげ、ポケットから出した百円玉と十円玉を渡してさっと帰ってゆく。うどんには醬油とねぎだけ、なんてかっこいいんだ。さぬきうどんの原点のようなワンシーンに痺《しび》れた。

べつの日。伊吹島《いぶきじま》に一泊してフェリーで観音寺港へ戻ってきたときのこと。坂出の加茂町「讃岐うどん がもう」に引き寄せられ、田んぼから回り込んで首を伸ばすと、八人しか並んでおらず、ほっと胸をなで下ろす。おととい、伊吹島に渡る前に寄ったら、ざっと百人以上が行列をつくっているので怖じ気づいて引き返したのだが、あきらめきれず、フェリーで戻ってきたときに寄ってみた。

「小ください、あったかいの」

入り口でおじさんに頼むと、うどんの小玉を網に入れて湯に浸し、丼にぽんっと移して渡してくれる。セルフ方式は逡巡の坩堝《るつぼ》になりますね。きょときょとしながらちくわ天か揚げかさんざん迷ったあげく、とっさに両方ものせてしまう。

あるとき、家族三人、高松から高知を旅したときのこと。高知では、日曜市を流して目当ての野菜の寿司を買い、ベンチで分けて食べた。高知の友人が「貧乏ずし」なんて呼ぶすばらしき寿司は、ひとパックに八個、一種類ずつ愛嬌いっぱいの顔が揃っている。みょうが。しいたけ。こんにゃく。ま竹。卵焼き。巻き寿司。いなり寿司。春の味、ま竹の寿司は、ま竹の内側に寿司飯を詰めたもの。いなり寿司の油揚げは、醤油を感じないところに土地の味があり、主張をしない淡い風味が野山の産物と足並みを揃えている。この高知ならではの寿司にまた会いたくて、旅の日程に日曜日を挟んだのだった。

高松に来たら、朝はやっぱりうどんでしょうと話がまとまり、宿からほど近い店の開店時間を待って出かけた。この店も「うどんの聖地」のひとつに数えられている。

熱いうどん

かけ　湯だめ　釜たま　釜かけ

冷たい・ぬるめ

醤油・ざる風・ひやひや・ひやあつ

とたんに思考回路に渋滞が起き、どれを選んでいいのか、自分で自分がわからなくなる。どうしようどうしようと気持ちは千々に乱れなが

ら注文の難関をくぐり抜け、受け取った自分のうどんをテーブルに置く。

三人それぞれ自分で運んできたうどんを見て、あっ、と声がでた。

かけうどん　海老天と揚げ
かけうどん　ちくわ天と揚げ
かけうどん　春菊天と揚げ

三人三様のうどんだが、いずれにも大きな三角の揚げが鎮座している。ここ数日、朝から晩までおなじものを食べている旅先だからだろうか、それとも家族だからだろうか。一瞬こみ上げた笑いを押し殺しながら、よけいなことは口に出さず、みんな夢中でうどんを啜りこんだ。

きつねの故郷

きつねうどんはいつ、どこで生まれたのだろう。

はっきりとは知らなかった問いに答えながら大阪のうどんの豊かな世界をみずから解きほぐすのが、名著『きつねうどん口伝』（宇佐美辰一著　三好広一郎・三好つや子聞き書き　ちくま文庫）である。

語り手の宇佐美辰一《うさみたつかず》は、大正四（一九一五）年、大阪・船場《せんば》生まれ。初代の宇佐美要太郎《ようたろう》が明治二十六（一八九三）年に開いたうどんの店「松葉家《まつばや》」の跡取り息子として育ち、二代目を引き継いだのは昭和二十六（一九五一）年、空襲で全焼した家屋を建て直して再出発したときだった。父について見よう見まねではじめたうどんづくりを、さらに自分のちからで深めてゆく修業の日々。『きつねうどん口伝』に惜しげもなく開陳されるうどんにまつわる一部始終は、玉づくりから足踏み、寝かしや切りかた、だしの製法にいたるまで微に入り細を穿ち、とうぜん素材や道具にもくわしく、うどんひとつをここまで緻密に、しかもきめ細かく掘り下げて活写できるものなのかと圧倒される。

さらに『きつねうどん口伝』を彩るのが、かつての船場での暮らしぶりだ。父は商売熱心でハイカラ、芸者遊びも好きだったと言い、少年時代、母のこと、「松葉家」の暮れや正月、休日のようすなどが大阪言葉でいきいきと語られる。私が船場の商家の暮らしぶりを知ったのは山崎豊子の小説の数々だったが、『暖簾《のれん》』『ぼんち』『しぶちん』『女の勲章』『女系家族』……浪花《なにわ》商人が暖簾にかける気迫と執念はすさまじく、それよりなにより、かつて船場という土地は独自の習俗を持つ、閉ざされた貴族社会のような土地柄だったのだと恐れ入った。そもそも山崎豊子自身が船場の老舗育ちなのだから、なまなましさも半端ではない。だからこそ、熾烈な競争が繰り広げられる商いの町の、さらにどまんなかの船場で「うまいもん屋」として繁盛した「松葉家」のうどんの味がどれほど群を抜いていたか、想像するだけで生つばが湧いてくる。

辰一は、きつねうどんが誕生した背景について、簡潔に説明している。

なんできつねうどんになったんかいいますと、寿司にもいなりずしがあるように、うどんもおあげさんを使った料理があっても不思議やないやないかということで、すうどん（かけうどん）に添えて、おあげさんと魚のすり身の天ぷらを竹の蒸し籠に盛って、売ったんやそうです。

せやけどお客さんがうどんの中に一緒に入れて食べはるんで、おあげさんをうどんの上にのせて出すようになったそうです。また水商売の人はお稲荷さんを信仰してて、毎日おあげさんをお供えしてますやろ。そんな意味もあっておあげさんを使《つこ》たんと違いますやろか。

おおいに納得する。稲荷信仰の広まりと油揚げとの深い関係については「いなり寿司を買いにいく」でくわしく触れたけれど、商売仇が鎬《しのぎ》を削る船場で、お護りのごとく「おあげさん」が愛されたのは、ごく自然な流れだったろう。当初、「松葉家」のきつねうどんは、稲荷神社で「おきつねさん」が一対で祀られていることにあやかり、二枚の油揚げがのせられていたとも書かれている。そもそも要太郎が「おあげさん」を蒸し籠にのせて出そうと思いついたのは、松屋町筋でうどん屋と寿司屋を営んでいた「たこ竹」で修業していたときのいなりずしからヒントを得てのこと。それにしても、大阪人の味覚はやっぱり貪欲だ、わかっているなあ、と思う。べつの器に分けて供された「おあげさん」を自分で丼のなかに入れるのは、なにも「手っ取り早くいっしょにしてまえ」という合理精神だけではないだろう。最初は「なんや面倒やな」だったかもしれないが、いったんのせれば、熱くてうまいつゆをたっぷり吸い込み、「おあげさん」が二倍も三倍もうまくなる。せや、これや！　というわけで、店主も見逃さなかった——だから、きつねうどんは大阪人の味覚のセンスが生み育んだものなのだ。

もちろんいまも、家族代々の味は伝承され、「うさみ亭マツバヤ」として健在だ。軒先の看板の隣には、年季の入った二枚の木札「元祖　きつねうどん」「船場の味　おじやうどん」。でも、〝老舗〟をひけらかしたり、もったいぶった気配はまるでない。あたりの町並みに溶け込んだ、気さくで親身な町場のうどん屋の風情が好もしい。店一軒の佇まいにはおのずと味や考えかたの一端が表れるものだが、「うさみ亭マツバヤ」の前に立つにつけ、市井《しせい》の味のありかたについていつも感銘を覚える。

ある冬の日。

黄色いイチョウの落ち葉を踏みながら心斎橋筋を歩き、一本東を走る丼池筋《どぶいけすじ》に入ったところにある店の暖簾をひさしぶりにくぐった。

午後一時を過ぎても満席だったけれど、ちょうど奥のほうのお客が席を立つところだったから、入れ替わりに滑りこむ。

小さなテーブルの脇に品書きが立てかけてある。

きつねうどん。きつねとじうどん。しのだうどん。しっぽくうどん。天ぷらうどん。

はいからうどん。カレーうどん。肉カレーうどん。わかめうどん。かちんうどん。とりとじうどん。あんかけうどん。なべ焼きうどん。すきやきうどん……三十種近いうどんが並んでおり、やたら目が泳ぐ。辰一が考案した「おじやうどん」も、もちろんある。四角い南部鉄器に入ったおじやうどんは、半玉のうどんと半膳のごはん、穴子、かしわ、どんこ椎茸、刻んだ油揚げ、焼き通しのかまぼこ、甘酢生姜、卵入りの変わりうどん。戦時中、ものがなかったときに考えついたというのだが、今日までそれを大看板に掲げてお客を集め続けている。

気持ちが千々に乱れると、最初の一行めに助けを求めるのはいつもの私のくせだ。

「きつねうどん、お願いします」

女将さんの「はい」という気持ちのいい返事を聞きながら、熱い湯呑みに手を伸ばし、とっさにもうひと声。

「とり天もください」

ちょっと欲張ってみたかった。

きつねうどんを待っていると、すぐ前の席から話し声が聞こえてきた。年配の三人客で、男性ひとり、女性ふたり。うどんを食べ終わった女性客が、そばを通りかかった女将さんに話しかけている。

「年の暮れまでに一回、ここに来るのが楽しみですねん。いっつも何人か誘って来るの。

ひとりで来ると、ひとつしか食べられへん。三人で来たら、みんなで分けていろいろ食べられまっしゃろ」

女将さんが「ありがとうございます」と、にこにこ笑って聞いている。

「ほな、追加でソフトうどんひとつ頼もかな。おじやうどんももらおか。たくさん食べるお客やろ。でもな、今日いろいろ食べとかんと。また一年食べられへん」

親身な言葉がこの店にふさわしく、まるで芝居の科白みたいだなと感じ入った。長く大阪に住む知人が、「うさみ亭マツバヤ」は毎日通いたくなる、いつ、なに食うてもうまい、と熱弁を振るっていたのを思い出し、お客を飽きさせない工夫の証を思い、静かに感動する。ソフトうどんは、揚げた細打ち麺にとろみをつけたかやくあんをかけた中華風のオリジナル。品書きが多いというより、懐が深い。私は、まだソフトうどんまで辿り着けていない。

きつねうどんが運ばれてきた。

丼のなかから、だしの芳《かぐわ》しさ、柚子の香りがふわあーっと立ち昇る。むっちりと白いうどん、斜めに刻んだねぎ、焼き通し一枚、へぎ柚子の一片の鮮やかな黄色が目に沁みる。丼を両手で包んで持ち上げ、まず熱いつゆを飲むと、至福の味が五臓六腑に広がる。むっちり、もっちり、奥まったところに潜むコシ、箸で引き上げたうどんを啜りこみ、中央に鎮座するお宝の四角い大きなお揚げを横目で鑑賞しながら、箸のつけどきを考え考え、自分に待ちぼうけを食わせる。このお揚げは、大鍋に十枚敷いて十段重ねにし、油抜きをしたあと、昆布、砂糖、塩、酒、二番だしで炊くと、新聞記事で読んだことがある。ふっくらしていながら、確かな噛みごたえのあるうまさは名人芸のそれ。

辰一は、きつねうどんを通じて、大阪の味の真髄をこう喝破《かっぱ》している。


「きつねうどん」いうても、今では全国にいろんな味がおます。しかし大阪の「きつねうどん」はあっさり、こってり、まったりが三位一体になった「はんなり」した味が出てないとあきまへんな。「あっさり」は、口に入れた時そこはかとのう上品に感じる味。「まったり」は、深いコクとなめらかな舌ざわり。「こってり」は、口に残るしつこさがありながら全体にあっさりして余韻のある味。関西のうす味ちゅうのは、この三つの味がうまく調和してるんですな。

たとえば大阪のお寿司、押し寿司でいうと魚と寿司飯とがなれあった味。つまり「はんなり」と

した味が持ち味なんですわ。だから「あっさり」「まったり」「こってり」は関西料理の基本やないかと思てます。

　そんな訳やから、きつねうどんは麵が勝っても汁が勝っても具が勝ってもあきまへん。


　大阪の味を言い表して間然するところがない。

　さて、ひさしぶりにきつねうどんを食べたその翌日。

　後ろ髪を引かれ、また心斎橋筋を歩いてイチョウの落ち葉を踏みながら、「うさみ亭マツバヤ」に向かう。ほんのひととき、近所に暮らす気分を味わいたかったのかもしれない。

　その昼の注文は、いつか頼んでみたかったきつね丼である。美しい棒状に刻まれた肉厚の油揚げにじゅんわりと甘辛の味がしみこみ、ごはんといっしょに頰張りながら、もっと早くこのきつね丼に出会いたかったとしみじみと思い、すこし口惜しくもあった。この気持ちが、また暖簾をくぐらせるのだと思いながら。

そろそろ席を立とうと帰りじたくをはじめたとき、さっき入って来た男性客が注文する声が聞こえた。

「親子丼の揚げ入り、ちょうだい」

「はい、親子丼の揚げ入り」

私はびっくりした。まさかそんな注文のしかたがあるとは――。

お勘定をすませて店を出て、名残惜しくて振り返った。

引き戸の文字が見送ってくれる。

「きつねのふるさと」

油揚げカレー！

とある豆腐屋さんでのこと。先代の父から仕事を引き継いで三十年近く、彼がつくる豆腐は、あちこちで引っ張りだこ。私も、絹ごし、木綿、おぼろ、買い分けながら楽しませてもらっている。立ち話をしていたら、そのひとがぽろりと打ち明けた。

「うまい豆腐をつくれる自信はあるんですよ。でもね、うまい油揚げを揚げるのがむずかしい」

どうもイマイチ自信がなくて、できれば誰かに揚げてもらいたい、と苦笑する。珍しく弱気な発言をするので意外だった。

しかし、よくかんがえてみると、油揚げと豆腐の世界はべつもの。たしかに油揚げのおおもとは豆腐だが、それは油揚げ用につくった堅めの薄い豆腐で、たいていの場合、低温と高温で二度揚げする。豆腐の相手は水やニガリ、油揚げの相手は菜種油、たしかに両者、水と油だもんなあ。豆腐屋の仕事はシビアだな、とあらためて思わされた。

だからというわけではないけれど、豆腐を買うと、かならず油揚げも買う。

冷蔵庫を開けると、そこに油揚げの姿があるだけで安心する。二、三枚あれば雨露しのげる気分になれるし、四枚もあれば天下無敵。とりあえず冷蔵庫のなかの常備品として卵、じゃこ、チーズあたりは欠かせないが、そこに加えて油揚げ。

四枚あれば、アレがつくれる、と笑いがでそうになる料理がある。

油揚げカレー。

いや、本当は二枚だけ使うのだが、半分消費しても残りがあるから安心、というせこましい話だ。

油揚げカレーのおいしさは、熱を入れて語っても、相手がたいてい半信半疑の色を浮かべるのでなかなか伝わりにくい。

おもな具は、玉ねぎと油揚げだけ。私のつくり方は玉ねぎのせん切りとプチトマトを炒め、そこにS&B赤缶のカレー粉を入れてなめらかなルーにしてから、ざく切りにした油揚げと水（だしを少し足すこともある）を入れて煮る。味つけは塩、こしょう。所要時間は二十分以内。にんじん、じゃがいもなどカレーの定番材料を入れてもいいけれど、ここはやっぱり油揚げに輝いてもらいたい。

大きな口を開けて、ごはんといっしょに頬張ってごらんなさい。とろんと煮えたしどけない熱い一片のなかから、カレーの汁がじゅぶじゅぶ〜と染み出てくる。このじゅぶじゅぶ感こそ、油揚げカレーの醍醐味《だいごみ》。ひらひらの片われのなかに潜む無数の気泡の意味に、はっとさせられる。油揚げは煮汁やうまみを吸いこむ役割を果たしているのだが、それだけではない。やわらかいのに、しこっと歯に当たる抵抗感。これがまたいい。肉でもない、野菜でもない、独特のコシ。軟弱に見えながら、なかなかしぶといカレーといえましょう。

じつは、冒頭に話した豆腐屋さんの油揚げでも、よくつくっている。そこの油揚げを使うと、油揚げの端っこがガリッと厚いワイルドなカレーになる。油揚げには、つくるひとの性格も出るらしい。

三十五年来の友人と話す　おあげのこと

高橋　乾杯！

平松　乾杯！

高橋　油揚げにはすっきりした白ワインが合うかなと思って冷やしておきました。お料理、冷めないうちにいただきましょう。

平松　まずは、みどりさんの「焼き油揚げ」を。

高橋　私が『おいしいヒミツ』という料理家にふだん食べているものについて伺った本を作った時、米沢亜衣さんに教わったもの。米沢さんが作るお料理はどちらかというと洋のイメージがあるけど、ご本人の一番の好物は「油揚げをこんがりとアミで焼いて、ちょっとお醤油をたらして指で塗ったの」なんですって。この、醤油の量と指で塗るのがポイントなんです。

平松　指も料理道具のひとつだものね。

高橋　お酒が大好きだった父のおつまみのひとつに、焼き油揚げに生姜醤油というのがあって、ひと切れつまんでは「ちょっとしょっぱいな」と子ども心に思ってた(笑)。それが、米沢さんが言うように、ちょっとたらして全体に指で塗ったら、本当にちょうどよかったの。また、指で塗る感触もよくて。

平松　絶妙の塩梅《あんばい》。私、油揚げには「不均等なよさ」があると思ってるの。素朴で、なすがまま、揚がったまま、と言えばよいかしら。だけど自由に破れている感じもあって、ちょっとパンクっぽいじゃない!? そういう油揚げにハケで塗ったら、均等になって、妙にかしこまっちゃう。

高橋　あなたの「小ぎつね飯」や「とら飯」は油揚げをこんがり焼いて刻んで、生姜醤油で和えたのをごはんにのせたり混ぜたりしたもの。滋味深くて、大好きです。

平松　ごはんに混ぜ込んでも、どちらでも。上にのせると、ひと口ごとに油揚げとごはんの量のバランスが変わるから、味わいに変化が出て楽しいと思う。刻んだみょうがを加えたり、白ごまをふってもいい。お弁当にも合うの。

高橋　「うず巻き」は新鮮でした。ネーミングもいい感じ。油揚げに梅肉を塗り、海苔をのせてクルクル巻くのを見ていたら、ほかにもいろんなものを巻いてみたくなりました。

平松　油揚げは平べったくてカサカサしていて、ともすると「食べごたえがない」と思われがちでしょう。でもね、この「うず巻き」は、焼いた油揚げがふっくらふくらむから、キュッキュッとおもしろい弾力が出てちょっとクセになるの。

高橋　そうね。コシがある。新鮮な食感。

平松　きちっときつめに巻いたほうがいいみたい。気泡が熱でふくらんで、それが歯ごたえに転じるんです。巻くというアイデアは、ある日、ふっと降りてきてね。大発見だ、やったー！　と（笑）。

高橋　大発見（笑）。

平松　そう、「大」がつく（笑）。半分にした油揚げのなかに卵を入れて、醬油とみりん、水だけで煮た「あぶたま」は、なんだか「泣ける味」ねえ。

高橋　子どもの頃、母がお弁当のおかずとして作ってくれたものなの。これとのり弁が定番の組み合わせ。ふだんの食卓に出た覚えはなくて、お弁当の味ですね。長年食べ慣れた味だから、「こんな感じかな」と作ったら再現できました。

平松　油揚げの魅力はたくさんあるけれど、うまみが煮汁に溶け出すから、だしがなくても料理が成立するというのもありがたいところ。と同時に、油揚げが煮汁を吸い込んで、うまみを取り戻す。

高橋　油揚げと玉子も、また相性よし。タンパク質同士だけど、肉を玉子でとじたのとは違うおいしさね。ちなみに、油揚げの玉子とじは、わが家のおうどんの具として定番です。

平松　私にとっての油揚げの原体験は、母がつくってくれたきつねうどんとおいなりさん。「あぶたま」もそうですが、甘辛い味がしみている油揚げって無敵。子ども心に、油揚げってすごいなって思っていた。だって、酢飯も包みこんじゃうんだもの。

高橋　私も、油揚げの原体験は、おいなりさん。遠足や運動会で、友だちの家のサンドイッチを「かっこいいな」と思って作ってもらうんだけど、いざ食べると「やっぱりおいなりさんがおいしい」(笑)。

平松　母のおいなりさんは薄く切ったれんこんと白ごまだけだった。形は、俵じゃなくて三角。

高橋　うちのは、白ごまだけのシンプルなもの。

平松　プチプチの歯ごたえが楽しくてね。

高橋　お店で売られているような、細くてかっこいいのではなくて、酢飯がたっぷり入っていて大きいの。おいなりさんって、自分の家の味が一番おいしいと感じるものかもしれない。

平松　おいなりさんは、江戸時代からあった食べ物で、のり巻きと組み合わせた折り詰めが「助六」と呼ばれるのは、歌舞伎の演目の「助六由縁《ゆかりの》江戸桜《えどざくら》」にちなんで、という説があります。

高橋　油揚げが江戸時代からあったということ？
平松　そう。油揚げは言ってみれば豆腐の揚げもの。江戸時代に菜種油が作られて庶民に広がった。当時の人にとっては、揚げてこっくりとした風味は驚きのおいしさだったと思います。
高橋　確かに、色、形、食感からして、豆腐からは遠いものね。作った人は偉い！
平松　文献を読んでいると、油揚げを使うおそうざいがよく出てくるし、老若男女が喜んで食べていたんだということが分かります。油揚げは、そういう江戸の庶民のうれしさみたいなものを、今でもまとっている気がする。
高橋　油揚げは、本当に役立つ。わが家の場合、お肉の買い置きはなくても、油揚げは欠かさない。じゃこと並んで、買い置きの定番です。冷凍庫にもある。
平松　私も、ないと落ち着かないの。臨機応変、どんな料理にも化けてくれるから、一度に四枚ほど買うのが長年の習慣です。ないと不安になるくらい。
高橋　子どものころから大好きだったけれど、ひとり暮らしをして自炊をはじめると、「最低限、こういう食材があれば安心」という、自分なりの料理の方法論ができてくるよね。私の場合、それがじゃこと油揚げだったの。
平松　油揚げって、学習させてくれる素材だなといつも思う。切り方でがらりと感じが変わってくれる。極細に切るとやさしい感じ、大ぶりの短冊に切るとちょっと野暮ったくておおらかな感じ。盛り付け方ひとつでおしゃれにもなるし、七変化どころじゃない（笑）。

高橋　確かに、いかようにもなる。

平松　ただ、私は、油揚げとずっと仲良しだったわけじゃないの。ひとり暮らしをはじめたころは、使い方がよくわからなくて。二十代のころは疎遠だったのよ……。

高橋　今じゃこんなに油揚げを愛しているのにね。平松さんには、油揚げを称賛する名言がありますよね。あの、ほら。

平松　「油揚げ二枚で三合飲める」

高橋　そうそう！　この名言を聞いた時、「ああ、分かる！」って、思わず拍手。

平松　何も三合飲まなくてもいいんだけど（笑）。お味噌を塗って焼いたり、焙って七味唐辛子をふったり、生姜醤油を添えたり。手間いらずの酒肴として最強です。座持ちもいい。

◇◇◇

平松　油揚げは、そのままですでに完成されているものだから、料理に使う時には、「プラスひとつ」くらいでいいと思うの。あれこれしないほうがいいかな。

高橋　そう言えば、油揚げで複雑な料理を作ろうと思わないものね。土井信子さんに教わっただしを使わずに、油揚げと小松菜をお醬油と水とみりんでさっと煮る、とか。有元葉子さんの「ひじきの炒め煮」は、焼いて刻んだ油揚げを合わせる。食感と味に深みが出て、ぐんとおいしくなるけれど、前面には出てこないつつましさがある。

平松　目立たずに下支えしてくれる。

高橋　油揚げは、言ってみれば「いいやつ」。どんな食材にもよく合って、それでいて、「いやいや、私はメインにならなくても」って脇にどいてる感じね。油揚げって人は。

平松　後ろ姿がシブいというか。背中で人生を物語る苦労人。ほら、こうやって立ってると、背中に見えてくる（と油揚げを取り出す）。

高橋　アイロンをかけてないシャツを着ている感じかな。

平松　洗いざらしの木綿のシャツ。さらっと何気ない様子なんだけれど、いざとなると実力派。そう言えば、油揚げにブルーチーズを入れて焼いた時は感動的だった。驚くほどの相性のよさで「くせの強いブルーチーズでさえ包容してしまうのか、油揚げ！」。驚くべき包容力の持ち主なのよね。

高橋　ブルーチーズは、どれぐらい入れるの？

平松　ある程度、多めに入れたほうがおいしい。爪楊枝でとじて、裏表フライパンでこんがりと焼くだけ。白ワインにもよく合うの。ブルーチーズがなければ、モッツァレラチーズでも構わないし。

高橋　和の料理に限らない、縦横無尽。

平松　油揚げを焼いて、野菜をはさんで、ふたつ折りにして食べる「油揚げバーガー」も、気に入ってる食べ方のひとつ。ちょっとしたおふざけ感もいい。

高橋　まさにベジタブル・ハンバーガー。体にやさしいし、手軽でいいわね。

平松　そうそう、かなりざっくりした食べ方（笑）。油揚げカレーも、私の十八番《おはこ》なの。玉ねぎを炒めて、ミニトマトを足して炒めて、カレー粉を加えてさらに炒める。水と油揚げを加えて、煮立ったら、塩、こしょうで味をととのえる。二十分でできる。カレー粉を使ってつくると、さらりとしておいしいです。

高橋　あっ、それすぐにつくりたい、食べたい。

平松　油揚げってつくづく無限の可能性を秘めた存在だわ……。あらためて尊敬しちゃう。

高橋　油揚げをテーマにこんなに語れるとは……。

平松　でも、まだ言い残していることがある気がする。油揚げって深い。こんなに楽しませてもらって、偉大な遺産を残してくれたお江戸の人に、感謝の気持ちが湧いてきます。

高橋　ハハハ。では、もしも言い残したことがあったら、その時は「油揚げ談義第二弾」を開催しよう。

高橋みどり◇スタイリスト。器と料理に関するスタイリングを多数手がける。おもな著書に『うちの器』『伝言レシピ』『ヨーガンレールの社員食堂』『おいしい時間』、共著に『沢村貞子の献立日記』など。

二枚あれば三合飲める

酒の肴をひとつだけ選ばせてやると言われたら、私は「油揚げください」と頭を下げる。油揚げ「で」いいのではなくて、油揚げ「が」いいのです、お願いします。

油揚げ一枚が酒のおいしさを底上げする。ふだんから派手な役回りではないけれど、酒のとなりに座ると、その篤実なところが際だつ。あくまでも地味な立ち位置から足をはみ出さず、しかし酒のおいしさはぐーっと引き上げて杯を重ねさせる。そんじょそこらの芸当ではない。

つねづね思ってきた。油揚げ一枚あれば一合飲める。二枚あれば二合、いやスイスイ三合飲める。ようするに酒がはかどるのです。敬愛する油揚げに責任転嫁をするようで申しわけないけれど。

さて、油揚げを酒の友にするときの基本は、まず「焙る」、なんといってもこれだ。こんがりきつね色に焙った揚げをさくっと切って生姜醬油を添えるだけでりっぱな酒肴《しゅこう》。口中に酒の香気が充ちているところへ油揚げの適度なこく、焙って昂《たか》まった風味、俗っぽい油っ気。じわっと嚙んだら押してくる倍返しの悦び。そこへあらたな酒がすーっと浸入して口中を湿らせると、さっきまでの余韻がいったん絶たれ、酒の持ち味を底上げ……このくりかえし。しかし、あくまでも節度を失わせない。

焙ってばかりでもいっこうに構わないのだが、ときどき知恵のひとつも働かせてみたくなる。ここ数年のうち折々に気の向くままつくっていたら、おのずといろんな油揚げの酒肴ができた。どれも会心の作と言いたいところだが、いや、油揚げの存在がすごいだけの話である。

だいじなことがある。肴に仕立てるとき、手間はかけない。ただそれだけですでに完成されている油揚げだから、よけいなじゃまをしちゃいけない。ほとんどなにもしないくらいがちょうどいい。

だから、たとえば味噌焼きとはいっても、名前はたいそうに聞こえるが、味噌はいつもの味噌汁に使っている味噌のまま、みりんや酒をくわえて練ったりもしない。ふだんの味噌をちゃっと片面に塗ってグリルに入れるだけ。酒の肴は料理ではないのだ。ただし、どうせならうまい酒肴に仕立てたいので、焙っている合間にねぎを刻み、七味唐辛子を用意して待つ。または、桜揚げ。これまた風流な響きではあるけれど、細切りにした油揚げと釜揚げの桜えび（または、買い置きの乾燥桜えび）をさっと炒めるだけ。ふりかけるみりんと醬油は、香りづけていど。ちびちび箸でつまんでいると禅味さえ漂う。

油揚げの美徳を、もうひとつ挙げたい。

安い。

ああ何度でも言いたい。一枚百円もしない。雲丹とかまぼことか貴重な珍味を愛でるうれしさもあるけれど、油揚げの場合は惜しげなく、親しみやすく、敷居《しきい》が低く、まるで隣近所のおばちゃんと世間話をしているような気安さ。胸襟を開かせ、緊張をほんわり解いてくれる。

さあ、そこでブルーチーズである。クレソンである。ともすると構えてしまいがちなブルーチーズとかクレソンが、油揚げを得ると一気に気さくなおばちゃんに変身します。塩気のあるブルーチーズはとろけて揚げにしなだれかかるし、クレソンの苦みは揚げのこくにぴたりと身を寄せる。

あたたかいみぞれ揚げも格別だ。熱いだしをたっぷりふくんだやわらかな揚げがじゅわあと口中でほどけると、ああどうしましょう。今夜はもうおしまいにしようと思っていたくせに、じゃあぬる燗でもう一杯——今夜もまた、油揚げ二枚あればみるみる三合が雲のかなたに消えてしまうのでした。

「江戸から始まった」
山田順子氏とのやりとりは『dancyu』2015年7月号掲載の
対談を再構成
「油揚げカレー!」
『すき焼きを浅草で』文春文庫　2020年5月
「三十五年来の友人と話す　おあげのこと」
『暮しの手帖』第四世紀九十四号　2018年6-7月号
「油揚げ愛では負けてはいません。」を内容を変えずに改稿、改題
「二枚あれば三合飲める」
『dancyu』2011年5月号
※右記以外は単行本刊行時書き下ろし
単行本　二〇二二年六月　パルコ出版　編集　杉田淳子
撮影　著者
本文レイアウト　大久保明子
DTP制作　エヴリ・シンク

文春文庫

おあげさん
油《あぶら》揚《あ》げ365日《にち》

定価はカバーに表示してあります

2025年3月10日　第1刷

著　者　平《ひら》松《まつ》洋《よう》子《こ》
発行者　大沼貴之
発行所　株式会社 文藝春秋

東京都千代田区紀尾井町 3-23　〒102-8008
TEL 03・3265・1211(代)
文藝春秋ホームページ　https://www.bunshun.co.jp

落丁、乱丁本は、お手数ですが小社製作部宛お送り下さい。送料小社負担でお取替致します。

印刷製本・TOPPANクロレ
Printed in Japan
ISBN978-4-16-792345-7

（　）内は解説者。品切の節はご容赦下さい。

平松洋子　画・谷口ジロー
ステーキを下町で
豚丼のルーツを探して帯広へ飛び、震災から復活した三陸鉄道に弁当に泣き、東京下町では特大ステーキに舌鼓を打つ。かけがえのない味を求め、北から南まで食べ歩き。（江　弘毅）
ひ-20-4

平松洋子　画・安西水丸
ひさしぶりの海苔弁
このおいしさはなんですか。新幹線で食べる海苔弁の魅力、油揚げが人格者である理由、かまぼこ板の美学。食を愉しみ、食を哲学する名エッセイ。安西水丸画伯のイラストも多数収録。

ひ-20-6

平松洋子　画・安西水丸
あじフライを有楽町で
由緒正しき牛鍋屋、鯨の食べ比べに悶絶、パリのにんじんサラダの深さと濃さ。どこまでも美味しい世界にご招待！「週刊文春」の人気連載をまとめた文庫オリジナル。（戌井昭人）
ひ-20-7

平松洋子　画・下田昌克
肉まんを新大阪で
「ぶたまん」の響きは、聞いたそばから耳がとろけそう——うれしい時もかなしい時も読めば食欲が湧いてくる週刊文春の人気エッセイ76篇を収録した文庫オリジナル。（伊藤比呂美）
ひ-20-8

平松洋子
下着の捨てどき
夜中につまみ食いする牛すじ煮込みの背徳感。眉の毛一本の塩梅。すごく着たいのに似合わない服……誰の身にもおとずれる人生後半、ゆらぎがちな心身にあたたかく寄り添うエッセイ集。

ひ-20-12

平松洋子　画・下田昌克
いわしバターを自分で
緊急事態宣言!?　でも喜びは手放さない。ふきのとうの春巻き、山椒の実の牛すじ煮込み、極道すきやき。「クッキングパパ」も唸ったオリジナル「パセリカレー」も登場！（石戸　諭）
ひ-20-13

平松洋子
肉とすっぽん
日本ソウルミート紀行
牛、馬、猪、鳩、鯨、羊、すっぽん、ホルモン……「うまい肉」の根源を追って日本各地へ。見て、聞いて、食べて、人と動物のかかわりに迫る前代未聞のルポルタージュ。（角幡唯介）
ひ-20-14

（　）内は解説者。品切の節はご容赦下さい。

青木直己
江戸　うまいもの歳時記
春は潮干狩りに浅蜊汁、夏は江戸前穴子に素麺、秋は梨柿葡萄と果物三昧、冬の葱鮪鍋・鯨汁は風物詩――江戸の豊かな食材八十五と驚きの食文化を紹介。時代劇を見るときのお供に最適。

あ-88-1

石井好子・水森亜土
料理の絵本　完全版
シャンソン歌手にして名エッセイストの石井好子さんの絶品レシピに、老若男女の心をわしづかみにする亜土ちゃんのキュートなイラスト。卵、ご飯、サラダ、ポテトで、さあ作りましょう！

い-10-3

石井好子
パリ仕込みお料理ノート
とろとろのチーズトーストにじっくり煮込んだシチュー……パリで「食いしん坊」に目覚めた著者の、世界中の音楽の友人と、忘れがたいお料理に関する美味しいエッセイ。（朝吹真理子）
い-10-4

海老沢泰久
美味礼讃
彼以前は西洋料理だった。彼がほんもののフランス料理をもたらした。その男、辻静雄の半生を描く伝記小説――世界的な料理研究家辻静雄は平成五年惜しまれて逝った。（向井　敏）
え-4-4

姜　尚美
何度でも食べたい。あんこの本
京都、大阪、東京……各地で愛されるあんこ菓子と、それを支える職人達の物語。名店ガイドとしても必携。7年半分の「あんこ日記」も収録し、東アジアあんこ旅も開始！（横尾忠則）
か-76-1

先崎　学
将棋指しの腹のうち
対局中の食事が話題になる棋士の世界。本当のドラマは勝負後の打ち上げで起きている。勝って泣き、酔い潰れ……。現役棋士が描く勝負師達の誰も知らない素顔。（サバンナ・高橋茂雄）
せ-6-3

高山なおみ
帰ってから、お腹がすいてもいいようにと思ったのだ。
高山なおみが本格的な「料理家」になる途中のサナギのようなころの、落ち着かなさ、不安さえ見え隠れする淡い心持ちを綴ったエッセイ集。なにげない出来事が心を揺るがす。（原田郁子）
た-71-1